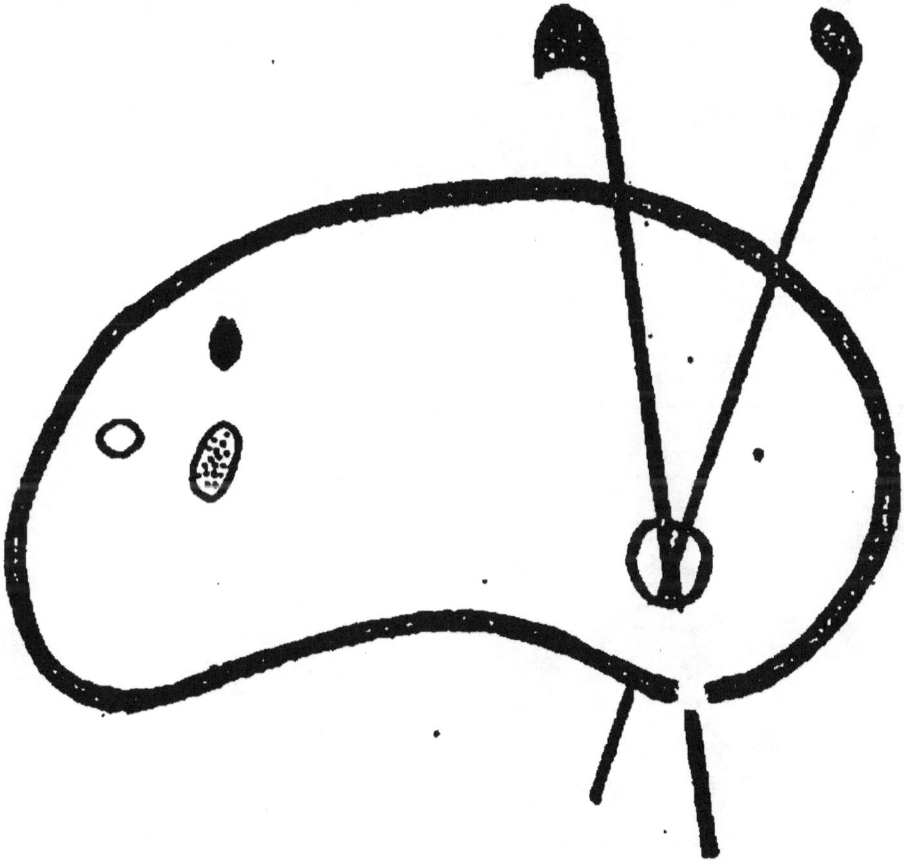

**COUVERTURE SUPERIEURE ET INFERIEURE
EN COULEUR**

649

8°R
15788

LES

SOURCES

OUVRAGES DU P. GRATRY

Souvenirs de ma jeunesse, *l'enfance, le collège, l'École polytechnique, Strasbourg et le sacerdoce,* 1 volume in-8°.   3 fr. »

De la Connaissance de Dieu. 7ᵉ éd. 2 in-12.   8 fr. »

De la Connaissance de l'âme. 5ᵉ édition, 2 volumes in-12.   7 fr. 50

Logique. 2 vol. in-8°.   12 fr. »
— 2 vol. in-12.   7 fr. 50

Les Sophistes et la Critique. 1 vol. in-8°.   6 fr. »

Etude sur la sophistique contemporaine, ou Lettre à M. Vacherot, et réponse de M. Vacherot, et la réplique du P. Gratry. 1 vol. in-8°.   5 fr. »
— 1 vol. in-12.   3 fr. »

Lettres sur la religion. 1 vol. in-8°.   6 fr. »
— 1 vol. in-12.   3 fr. »

Mois de Marie de l'Immaculée Conception. 4ᵉ éd. 1 vol. in-18.   2 fr. 50

Les Sources. Première partie : CONSEILS POUR LA CONDUITE DE L'ESPRIT. — Deuxième partie : LE PREMIER ET LE DERNIER LIVRE DE LA SCIENCE DU DEVOIR. 1 volume in-18, 2ᵉ édition.   2 fr. 50

La Philosophie du Credo. 1 vol. in-8°.   5 fr. »

Petit Manuel de critique. 1 vol. in-18.   1 fr. 50

Crise de la Foi. Trois conférences philosophiques de Saint-Etienne-du-Mont, 1863. 1 vol. in-18.   1 fr. 50

La Morale et la loi de l'histoire. 2 v. in-8°.   12 fr. »
— 2 vol. in-12.   7 fr. 50

Commentaire sur l'Evangile selon saint Matthieu. 2 vol. in-8°.   8 fr. »

Henri Perreyve. 6ᵉ édition. 1 vol. in-18.   3 fr. »

Méditations inédites. 1 vol. in-18, 2ᵉ édition.   3 fr. »

Jésus-Christ, réponse à M. Renan, 1 vol. in-18.   1 fr. »

Sources de la régénération sociale. In-18.   1 fr. 50

Le P. Gratry, ses derniers jours, son testament spirituel, par le P. Adolphe PERRAUD, prêtre de l'Oratoire, professeur en Sorbonne. 1 vol. in-18.   1 fr. 50

LES
SOURCES

PAR

A. GRATRY

PRÊTRE DE L'ORATOIRE, PROFESSEUR EN SORBONNE
ET MEMBRE DE L'ACADÉMIE FRANÇAISE

Deuxième édition.

PARIS
ANCIENNE MAISON CHARLES DOUNIOL
P. TÉQUI, SUCCESSEUR
29, rue de Tournon, 29

1898

AVIS DE L'ÉDITEUR

Le public ne cesse de demander deux opuscules du Père Gratry, intitulés, le premier : LES SOURCES, *Conseils pour la conduite de l'Esprit ;* et le second : LES SOURCES, ou *le premier et le dernier livre de la Science du Devoir.*

Nous croyons donc lui être agréable en réunissant ces deux petits volumes en un seul, et en les lui offrant aujourd'hui sous ce titre unique : LES SOURCES.

Paris, le 10 juillet 1876.

LES SOURCES

(PREMIÈRE PARTIE)

CONSEILS

POUR LA CONDUITE DE L'ESPRIT

LES SOURCES

CONSEILS

POUR LA CONDUITE DE L'ESPRIT

CHAPITRE PREMIER

SILENCE ET TRAVAIL DU MATIN.

Ces conseils ne s'adressent pas à tous : un très petit nombre d'esprits, dans l'état actuel du monde, en sont ou en voudront être capables.

Ils s'adressent à cet homme de vingt ans, esprit rare et privilégié, cœur encore plus privilégié, qui, au moment où ses compagnons d'études ont fini, comprend que son éducation commence; qui, à l'âge où l'amour du plaisir et de la liberté, du monde, de ses honneurs et de ses richesses entraîne et précipite la foule, s'arrête, lève les yeux et cherche, dans l'immense horizon de la vie, au ciel ou sur la terre, l'objet d'un autre amour.

Je suppose que je m'adresse à cet homme. C'est à lui seul que je parle ici.

La possession de la sagesse, lui dirai-je d'abord, est à de très sévères conditions; sachez-le bien. Ces conditions, il est vrai, sont plus sévères en apparence qu'en vérité. Mais enfin, l'initiation exige d'austères épreuves. Êtes-vous courageux? Consentez-vous au silence et à la solitude? Consentez-vous, au sein de votre liberté, à un travail plus profond, mais aussi régulier que le travail forcé du collège, ce travail que les hommes imposent aux enfants, mais non pas à eux-mêmes? Consentez-vous, dans cette voie rude, à voir vos égaux, par une voie facile, vous dépasser dans la carrière et prendre votre place dans le monde? Pouvez-vous tout sacrifier, sans exception, à la justice et à la vérité? Alors écoutez.

I

Si vous avez cette extraordinaire décision, et si vous savez vaincre les innombrables oppositions, déraisonnables et raisonnables, qui vont vous arrêter, sachez qui vous allez avoir maintenant pour maître. Ce sera Dieu. Le temps vient où vous avez à pratiquer cette parole du Christ : « N'appelez personne sur la terre votre « maître : car vous n'avez tous qu'un maître « qui est le Christ, et vous êtes tous frères[1]. »

Oui, il faut que vous ayez maintenant Dieu pour maître.

C'est ce que je vais vous expliquer, en vous donnant les moyens pratiques d'arriver aux leçons du Maître divin.

Saint Augustin a écrit un livre intitulé : *De Magistro*, où il montre qu'il n'y a qu'un maître, un seul maître, qui est intérieur. Lisez ce livre. Malebranche a beaucoup écrit sur ce point, et d'admirables pages, trop peu connues, et surtout trop peu pratiquées. Il vous sera facile de les trouver. Lisez-les avec attention et recueillement.

Du reste, vous avez entendu dire vulgairement, et vous l'avez probablement répété vous-même, que Dieu est la lumière universelle qui éclaire tout homme venant au monde. Croyez-vous cela ?

[1] Matth., XXIII, 8.

Si vous le croyez, poursuivez-en les conséquences.

Si vous croyez que vous avez en vous un maître qui veut vous enseigner la sagesse éternelle, dites à ce maître, aussi résolument, aussi précisément que vous le diriez à un homme placé en face de vous : « Maître, parlez-moi.
« J'écoute. »

Mais, après avoir dit : J'écoute, il vous faut écouter. Voilà qui est simple assurément, mais capital.

Pour écouter, il faut faire silence. Or, je vous prie, parmi les hommes, et surtout parmi les penseurs, qui est-ce qui fait silence?

La plupart des hommes, surtout des hommes d'étude, n'ont pas une demi-heure de silence par jour. Et quand le livre de l'*Apocalypse* dit quelque part : « Et il se fit dans le ciel un si-
« lence d'une demi-heure, » je crois que le texte sacré signale un fait bien rare dans le ciel des âmes.

Pendant tout le jour, l'homme d'étude écoute des hommes qui parlent, ou il parle lui-même, et quand on le croit seul et silencieux, il fait parler les livres avec l'extraordinaire volubilité du regard, et il dévore en peu d'instants de longs discours. Sa solitude est peuplée, assiégée, encombrée, non seulement des amis de son intelligence et des grands écrivains dont il recueille les paroles, mais encore d'une multitude d'inconnus, de parleurs inutiles, et de livres qui sont des obstacles. De plus, cet homme, qui croit vouloir penser et parvenir à la lumière, permet à la perturbatrice de tout silence, à la profanatrice de toutes les solitudes, à la presse quotidienne, de venir, chaque matin, lui prendre le plus pur de son temps, une heure ou plus, heure enlevée de la vie par l'emporte-pièce quotidien ; heure pendant laquelle la passion, l'aveuglement, le bavardage et le mensonge, la poussière des faits inutiles, l'illusion des craintes vaines et des espérances impossibles vont s'emparer, peut-être pour l'occuper et le ternir pendant tout le jour, de cet esprit fait pour la science et la sagesse [1].

Veuillez me croire, quand j'affirme qu'un esprit qui travaille ainsi n'apprendra rien, ou peu de chose, précisément parce qu'il n'y a qu'un maître, que ce maître est en nous, qu'il

---

[1] On verra plus bas si nous prétendons isoler de la vie contemporaine l'homme qui veut servir Dieu ; mais nous nous élevons de toutes nos forces contre l'*usage ordinaire* que l'on fait des journaux.

faut l'écouter pour l'entendre, et faire silence pour l'écouter.

Si donc vous voulez établir un peu de silence autour de vous, lisez modérément, et chassez de chez vous les profanes. Éloignez-vous, de toute manière, des paroles inutiles : il en sera demandé compte, dit l'Évangile. Il en sera demandé compte aux complices aussi bien qu'aux auteurs.

II

Il faut donc écouter Dieu. Il faut faire silence pour l'entendre. Mais le silence suffit-il ?

Oui, on peut dire que le silence suffit, car, dit saint Augustin, la Sagesse éternelle ne cesse de parler à la créature raisonnable, et la raison ne cesse de fermenter en nous. Seulement, il n'est pas facile d'obtenir le silence.

Faites taire les hommes, faites taire les livres, soyez véritablement seul, avez-vous pour cela le silence ? Qu'est-ce que cette loquacité intérieure des vaines pensées, des désirs inquiets, des passions, des préjugés particuliers de votre éducation, des préjugés plus redoutables du siècle qui vous porte et vous inspire à votre insu ? Avant d'arriver au silence sacré du sanctuaire, il y a de grandes victoires à remporter. Il faut ces surnaturelles victoires dont l'esprit de Dieu dit : « Celui qui sera vainqueur, je lui « donnerai pouvoir sur les nations. » (*Qui vicerit, dabo ei potestatem super gentes.*)

Il faut cesser d'être esclave de soi-même et esclave de son siècle. Je ne dis pas que la lutte doit avoir cessé ; je dis qu'elle doit avoir commencé. La passion, en vous, doit avoir senti la puissance de la raison. Il faut avoir rompu avec le siècle, et avoir dit au torrent du jour : Tu ne m'emporteras pas. Il faut avoir échappé à ce côté faux de l'esprit du siècle, à cet entraînement aveugle et pervers par lequel chaque époque menace d'échapper au vrai plan de l'histoire universelle, et en retarde l'accomplissement. *Corrumpere et corrumpi sæculum vocatur*, disait Tacite. Ce siècle-là, ce corrupteur avec ses préjugés, ses doctrines, sa philosophie s'il en a, il faut s'élever, et se tenir élevé, au-dessus de lui, pour le juger, le juger pour le vaincre, et pour le diriger au nom de Dieu. C'est le sens du mot cité plus haut : « Celui qui sera vainqueur, je lui donnerai « pouvoir sur les nations. »

Je n'insiste pas davantage sur ce point capital, ni sur l'extrême difficulté de cette victoire, ni sur l'espèce de terreur profonde qu'éprouve une âme qui vivait naïvement de la vie de son siècle, et qui maintenant entre en lutte et en contradiction avec cette immense vie et ses puissants mouvements, et commence à sentir sa faiblesse, sa petitesse, son isolement, en face de ces grands flots. Tout ceci nous entraînerait trop loin. J'indique seulement ici à quelles conditions l'âme obtient le silence pour écouter Dieu.

III

Pythagore avait divisé la journée des disciples de la philosophie en trois parties : la première partie pour Dieu dans la prière ; la seconde pour Dieu dans l'étude ; la troisième pour les hommes et les affaires.

Ainsi toute la première moitié du jour était pour Dieu.

C'est, en effet, le matin, avant toute distraction et tout commerce humain, qu'il faut écouter Dieu.

Mais précisons. Qu'est-ce, en effet, qu'écouter Dieu ? me direz-vous. En pratique, écouterai-je ainsi, comme les contemplatifs de l'Inde, depuis le matin jusqu'à midi ? Me tiendrai-je le front penché et la tête appuyée sur ma main, ou les yeux fixés vers le ciel? Que ferai-je en réalité?

Voici la réponse. Vous écrirez.

Vous êtes-vous quelquefois demandé : Quel est le moyen, y a-t-il un moyen d'apprendre à écrire? Ce moyen d'apprendre à écrire et de développer, en ce sens, vos facultés dans toute leur étendue, je vous l'offre ici. Ce sera là l'avantage secondaire de l'emploi de vos matinées.

Parlons d'abord, sous ce second point de vue, de votre travail du matin. Ce ne sera pas un hors-d'œuvre, ni même une digression, car nous verrons que cet exercice secondaire vous mène ici droit au but principal.

Saint Augustin commence ainsi son livre des *Soliloques :* « J'étais livré à mille pensées di-
« verses, et depuis bien des jours, je faisais les
« plus grands efforts pour me trouver moi-
« même, moi et mon bien, et pour connaître
« le mal à éviter, quand tout à coup, — était-ce
« moi-même? était-ce un autre? était-il hors
« de moi ou en moi? je l'ignore, et c'est préci-
« sément ce que je désirais ardemment de sa-
« voir; — toujours est-il que tout à coup il me
« fut dit : Si tu trouves ce que tu cherches,

« qu'en feras-tu? A qui le confieras-tu avant
« de passer outre? — Je le conserverai dans
« ma mémoire, répondis-je. — Mais ta mémoire
« est-elle capable de conserver tout ce que ton
« esprit a vu? — Non, certes, elle ne le peut. —
« Il faut donc écrire. — Mais comment, puisque
« tu crois que ta santé se refuse au travail d'é-
« crire? Ces choses ne se peuvent dicter : elles
« demandent toute la pureté de la solitude. —
« Cela est vrai ; je ne sais donc que faire. — Le
« voici : demande de la force, et puis du se-
« cours pour trouver ce que tu cherches; puis
« écris-le, pour que cet enfantement de ton
« cœur t'anime et te rende fort. N'écris que les
« résultats, et en peu de mots. Ne pense pas à
« la foule qui pourra lire ces pages; quelques-
« uns sauront les comprendre[1]. »

Maintenant, je vous prie, pensez-vous que
ces choses n'arrivent qu'à saint Augustin? Si
elles n'arrivent qu'à lui et ne nous arrivent pas,
c'est que notre pitoyable incrédulité s'y op-
pose. Croyez-vous en Dieu? Dieu est-il muet?
N'est-il pas certain que Dieu parle sans cesse,
comme le soleil éclaire toujours? Je vous dirai ici avec Thomassin : « Quiconque s'étonne

[1]. *Œuvres complètes*, t. I, p. 598.

« de ces choses et les regarde comme in-
« croyables, inespérées, inouïes, celui-là ne
« sait pas ou ne réfléchit pas que la descente
« de Dieu, réelle et substantielle, dans la na-
« ture intelligente, est un fait continuel et
« quotidien[1]. »

Mais n'insistons pas en ce moment sur ce côté de la question. Saint Augustin lui-même, parlant de son inspirateur, ne se demande-t-il pas : « Était-ce moi-même ? était-ce un autre ? » Je vous dis seulement ici que si vous suivez mon conseil, si vous consacrez à écrire les meilleures heures du jour, rien ne peut vous donner autant de chances pour entendre ou pour voir la vérité, et rien ne saurait, au même degré, vous former à écrire. Là sont les sources du génie et du talent.

Traitons ceci avec quelque détail, c'est le lieu : le livre correspondant de la *Logique* d'Aristote traite beaucoup de la rhétorique.

Vous le savez, il n'y a que les ouvrages bien écrits qui subsistent et qui font trace. Les autres, même savants, ne sont que des matériaux. Ce sont comme des créations inférieures

---

[1] Dogm. theol., *de Incarnat*, lib. I, cap. XXI. — Lisez, dans notre *Logique*, le livre intitulé : *Des vertus intellectuelles inspirées*.

destinées à être assimilées par quelque esprit plus vigoureux qui s'en nourrit, les fait homme, et les ajoute à la vie de l'esprit humain. Si donc vous voulez propager la vérité, il faut savoir écrire. Je dirais qu'il vous faut acquérir du style, si ce mot n'avait deux sens, dont l'un, le sens vulgaire, est pitoyable. Dans ce dernier sens, il serait bon de dire : « Pas de style ! » comme on a dit : « Pas de « zèle ! » Le meilleur style, en ce sens, est de n'en point avoir. Ce style, on le voit assez, sert à déguiser la pensée ou son absence : vêtement toujours un peu de mauvais goût, qui, en tous cas, par cela seul qu'il est vêtement, nous empêche d'arriver à la sublime et saisissante nudité du vrai.

Mais si vous entendez le style dans le sens de ce très beau mot, « le style c'est l'homme », le style, alors, c'est aussi l'éloquence, quand toutefois on la définit avec un maître habile : « L'éloquence n'est que l'âme mise au de- « hors. »

Cela posé, je trouve tout, comme règle pratique de l'art d'écrire, dans le fragment de saint Augustin qui vient d'être cité.

Le style, l'éloquence, la parole dans le sens le plus élevé du mot, c'est l'homme, c'est l'âme mise en lumière. C'est-à-dire que si vous voulez apprendre véritablement à écrire, il faut apprendre à éviter non seulement tout mot sans pensée, mais encore toute pensée sans âme.

« Le style, disait Dussaulx, est une habitude « de l'esprit. » — « Heureux ceux, dit Joubert, dans lesquels il est une habitude de « l'âme. » Et Joubert ajoutait : « L'habitude « de l'esprit est artifice; l'habitude de l'âme « est excellence ou perfection. »

Donc, pour écrire, il ne faut pas seulement sa présence d'esprit, il faut encore sa présence d'âme; il faut son cœur, il faut l'homme tout entier : c'est à soi-même qu'il en faut venir. Saint Augustin commence donc parfaitement quand il dit : JE ME CHERCHAIS MOI-MÊME.

Mais il faut plus. Non seulement il faut apprendre à éviter toute parole sans pensée et toute pensée sans âme, mais encore il faut éviter, je dis, pour bien écrire, tout état d'âme sans Dieu. Car, sans doute, ce que l'éloquence entend mettre au dehors, ce n'est pas l'âme dans sa laideur, c'est l'âme dans sa beauté. Or, sa beauté, indubitablement, c'est sa ressemblance à Dieu. Car, comme le dit encore excellemment Joubert : « Plus une parole

« ressemble à une pensée, une pensée à une
« âme, une âme à Dieu, plus tout cela est
« beau. »

Il faut donc, comme saint Augustin, chercher son âme, se chercher soi, SOI ET SON BIEN, son âme et sa beauté. (*Quærenti mihi memetipsum et bonum meum.*) Il vous faut donc, pour très bien écrire, la présence de votre âme et la présence de Dieu; c'est-à-dire il faut que votre âme tout entière, s'il est possible, soit éveillée et que la splendeur de Dieu soit sur elle.

C'est là, dis-je, ce qu'il faut chercher. Mais qui cherche trouve. Si vous cherchez dans le silence et la solitude, avec suite et persévérance (*volventi mihi diu, et per multos dies sedulo quærenti*), plus d'une fois il vous arrivera d'être comme réveillé et de sentir que vous n'êtes plus seul. Cependant l'hôte intérieur et invisible est tellement caché et impliqué dans l'âme que vous doutez. Est-ce moi-même ou est-ce un autre qui a parlé? Où est-il? Se fait-il entendre de loin ou parlera-t-il dans ce fond reculé de moi-même si éloigné de la surface habituelle de mes pensées?

Ne vous arrêtez pas à ce doute. En pratique, peu importe. Tâchez seulement de ne pas laisser perdre ce que vous entendez et ce que vous voyez alors. Ne vous fiez pas à la mémoire. La mémoire n'est fidèle et complète qu'en présence des objets. La mémoire est une faculté qui oublie. Quand la lumière céleste des idées luit sur elle, elle croit que cette lumière ne lui sera point ôtée et qu'elle verra toujours le même spectacle. N'en croyez rien. Quand la lumière se sera retirée, la mémoire pâlira, comme la nature quand le soleil s'en va, car ici l'absence c'est l'oubli.

Il faut donc écrire alors. (*Ergo scribendum est.*) Il faut s'efforcer de décrire l'ensemble vaste, les détails délicats du spectacle intérieur que vous voyez à peine; il faut écouter et traduire les veines secrètes du murmure sacré (*venas divini susurri*); il faut suivre et saisir les plus délicates émotions de cette vie éveillée.

Mais je ne puis, répond saint Augustin; ma santé m'en empêche. (*Valetudo scribendi laborem recusat.*) Et ici, il faut reconnaître que chacun a naturellement cette sorte de santé qui ne peut pas écrire. Est-ce que l'état presque toujours grossier, enivré, remuant, lourd, somnolent, de mon corps, ne m'empêche pas d'écrire, c'est-à-dire de suivre et de fixer ces beautés intérieures que j'aperçois à peine, et ces délicates émotions, croisées, effacées, étouffées par les rudes et pétulantes émotions de mes sens?

Que faire donc? (*Nescio quid agam.*) Il faut qu'il soit porté remède à cet état de votre corps. (*Ora salutem et auxilium.*) Il faut fuir cet état ténébreux du corps qui empêche d'écrire. Il faut demander à Dieu cette sorte de santé précieuse et bénie qui rend le corps simple et lumineux, et dont l'Évangile parle quand il dit : « Si votre œil « est simple, tout votre corps sera éclairé et « vous illuminera comme un réflecteur de « lumière[1]. »

Oui, il faut que votre corps même soit entraîné et entre dans la voie de votre esprit et de votre âme. « Tout ce qu'on pense, dit parfaite- « ment Joubert, il faut le penser avec l'homme « tout entier, l'esprit, l'âme et le corps. » Oui, le corps est de la partie, et saint Augustin le sentait.

Il faut que l'esprit, l'âme et le corps, en harmonie, soient devenus ensemble comme un seul instrument docile à l'inspiration inté-

---

[1] ... Totum corpus tuum lucidum erit, et sicut lucerna fulgoris illuminabit te. (Luc, xi, 36.)

rieure : inspiration qui manque peu, mais qui trouve rarement l'instrument préparé.

Le délicat et profond écrivain que j'aime à vous citer sur ce sujet l'avait bien observé : « Quand il arrive à l'âme de procéder ainsi, « dit-il, on sent que les fibres se montent et « se mettent toutes d'accord. Elles résonnent « d'elles-mêmes, et malgré l'auteur, dont tout « le travail consiste alors à s'écouter, à re- « monter la corde qu'il entend se relâcher, et à « descendre celle qui rend des sons trop hauts, « comme sont contraints de le faire ceux qui « ont l'oreille délicate quand ils jouent de « quelque harpe.

« Ceux qui ont jamais produit quelque pièce « de ce genre m'entendront bien, et avoueront « que, pour écrire ou composer ainsi, il faut « faire de soi d'abord, ou devenir à chaque « ouvrage un instrument organisé [1]. »

N'est-ce pas là ce que veut dire le prophète qui s'écrie : « Eveille-toi, ma glorieuse lumière ! « éveille-toi, lyre de mon âme ! » (*Exsurge, gloria mea. Exsurge, psalterium et cithara.*)

Mais, je vous en préviens, si vous attendez pour écrire que votre âme et votre corps soient

---

[1] *Pensées de Joubert*, t. II, p. 95.

devenus cet instrument sonore et délicat, vous n'écrirez pas. Que dit, en effet, saint Augustin? « Priez, demandez la force, la santé, le se-« cours, et écrivez, afin que, vous sentant « père, vous en deveniez plus fort (*ut prole* « *tua fias animosior*). »

Oui, commencez par écrire et produire, dussiez-vous sacrifier ensuite les premiers-nés. Mais, en tout cas, les premiers fruits vivants de votre esprit l'animeront; les fibres se monteront, et se mettront d'accord d'elles-mêmes.

Savez-vous pourquoi des esprits, d'ailleurs très préparés, restent souvent improductifs et n'écrivent pas? C'est parce qu'ils ne commencent jamais, et attendent un élan qui ne vient que de l'œuvre. Ils ignorent cette incontestable vérité, que pour écrire, il faut prendre la plume, et que, tant qu'on ne la prend pas, on n'écrit pas.

Et ils ne prennent jamais la plume, parce que je ne sais quelle circonspection les arrête; ils pensent au lecteur, ils tremblent devant toute cette foule de critiques qu'ils imaginent et devant leurs mille prétentions.

Aussi, que dit saint Augustin? « Ne « cherchez pas à attirer toute cette foule;

« quelques-uns sauront vous comprendre. »
(*Nec modo cures invitationem turbæ legentium.*)

Le respect humain est un fléau dans tous les ordres de choses. Pensez à Dieu et à la vérité, et ne craignez pas les hommes : règle fondamentale pour bien écrire, comme pour parler.

Ne faites donc point d'apprêts pour attirer les hommes. Pas de style, avons-nous dit, mais la sévère nudité du vrai! N'écrivez que les résultats, en peu de mots (*paucis conclusiunculis breviter collige*); retranchez tout ce qui n'est que vêtement, ornement, appât, ruse, effet, précaution, transition. Transition! fléau du style et de la parole! Combien d'esprits que les transitions empêchent de passer, et ne laissent jamais arriver à ce qu'ils voulaient dire! N'écrivez que là où vous voyez, où vous sentez. Là où vous ne voyez pas, où vous ne sentez pas, n'écrivez pas; taisez-vous. Ce silence-là aura son prix, et rendra le reste sonore.

Quelle dignité, quelle gravité, quelle vérité dans la parole de celui qui n'attend rien des hommes, qui ne cherche aucune gloire, mais qui cherche la vérité; qui craint Dieu seul et attend tout de Dieu! Le Christ parlant à ceux qui cherchent la gloire venant des hommes, et non pas celle qui vient de Dieu, ne dit-il pas : « Son Verbe ne demeure point en vous » (*verbum ejus non habetis in vobis manens*)? Donc cherchez la gloire qui vient de Dieu; alors le Verbe de Dieu demeure en vous.

« Jouez pour les Muses et pour moi, » disait un célèbre Athénien à un grand musicien méconnu. Appliquez-vous ce mot. Écrivez pour Dieu et pour vous. Écrivez pour mieux écouter le Verbe en vous, et pour conserver ses paroles. Supposez toujours qu'aucun homme ne verra ce qui vous est ainsi dicté.

Plus un livre est écrit loin du lecteur, plus il est fort. Les pensées de Pascal, les travaux de Bossuet pour le dauphin, la *Somme* de saint Thomas d'Aquin surtout, écrite pour les commençants, en sont des preuves. Une preuve des plus singulières en ce genre se trouve dans les deux styles de Massillon : celui du *Petit Carême* et celui des *Discours synodaux* : le premier, préparé pour la cour, où l'auteur abuse vraiment de la ductilité de la pensée, où le délié de la trame épuise la patience du regard; l'autre presque improvisé pour quelques curés d'Auvergne, courtes pages vivantes, énergiques, où l'on rencontre un autre Massillon, aussi supérieur au premier qu'un beau visage est supérieur à un beau voile.

Voici encore une précaution à prendre.

L'esprit est prosaïque, l'âme poétique est musicale. *Symphonialis est anima :* ainsi parlait une sainte du moyen âge. Le livre de l'*Imitation* le dit aussi. Quand l'âme se recueille et entend quelque chose de Dieu, que la paix et la joie l'inondent, il arrive bien ce que dit Gerson : *Si c'as pacem, si gaudium sanctum infundis, erit anima servi tui plena modulatione.* Joubert aussi l'avait compris : « Naturellement, dit-il, l'âme se chante à elle-« même tout ce qu'il y a de beau. » Aussi, quand le style est une habitude de l'âme, il y a un écueil à éviter : c'est le chant. C'est l'excès de l'harmonie musicale dans le style, et l'introduction involontaire, presque continuelle du rythme et du vers dans la prose : c'est un vrai défaut, quoique dans une prose parfaite, toute syllabe, je crois, est comptée, et même pesée. Mais il faut rompre ce chant trop explicite, non par un calcul de détail, mais par une modération générale et une profonde pudeur de l'âme, qui, n'osant pas chanter, modère le rythme des mots, le rend presque insensible, de même qu'elle renferme en elle, avec pudeur, l'enthousiasme de sa pensée, et le maintient intime, caché, réservé, presque insensible, mais d'autant plus irrésistible et pénétrant.

CHAPITRE II

L'IDÉE INSPIRATRICE.

Je continue à vous donner ces conseils, à vous, qui croyez à la présence de Dieu, et qui êtes résolu à l'austère discipline de sa divine école. Puissé-je me faire comprendre et vous mener jusqu'à la pratique même !

Je suivrai vos conseils, me direz-vous. Je saurai supporter la solitude et le silence. J'écrirai donc. Mais quoi ?

La réponse est impliquée dans ce qui précède ; elle est très loin du conseil de Boileau :

Faites choix d'un sujet...

Mot étrange ! Est-ce qu'un homme sérieux choisit un sujet ? S'il n'en a pas, il n'écrit pas. Jamais il n'a le choix.

D'abord, au fond, il n'y a qu'un sujet : Dieu, l'homme et la nature dans leur rapport, rapport où se rencontrent à la fois le bien, le mal, le vrai, le beau, la vie, la mort, l'histoire, l'avenir. De sorte que l'unique sujet total de la méditation de l'âme, c'est, en effet, celui qu'indique saint Augustin : Je cherchais pendant bien des jours; je me cherchais moi-même, moi et mon bien, et le mal que je veux fuir. (*Volventi mihi et per multos dies quærenti sedulo memetipsum et bonum meum, et malum quod esset vitandum.*)

Soit! Mais de quel côté prendre ce sujet, qui est le sujet universel? Je réponds : Il faut le prendre comme il se présente.

Les musiciens n'ont-ils pas remarqué que, lorsque l'âme est vraiment émue, il y a un ton, un seul, à l'exclusion des autres, dans lequel il lui est possible d'entrer? Et qu'on y regarde de près : non seulement le ton, mais la mesure, mais le fond de l'harmonie générale, peut-être même les détails de la mélodie sont donnés, sont commandés par l'émotion régnante.

Eh bien, si vous êtes en silence, si vous êtes éveillé, ému, — et d'ordinaire le vrai silence amène l'éveil et donne l'émotion vraie, —

alors ces harmonies et ces mélodies intérieures, quoique vous ne sachiez pas peut-être encore bien les entendre, sont en vous, et à ces harmonies répondent certains spectacles, certaines faces des idées éternelles, certaines inspirations particulières et actuelles de Dieu. Croyez-vous que, lorsque vous serez recueilli, vous allez vous trouver en face des attributs de Dieu tels que les professeurs de philosophie les expliquent? Certainement non. Vous allez vous trouver, de fait, en face de ce qu'annonce l'Évangile, le Verbe fait chair. C'est pourquoi l'Évangile ne dit pas : Vous n'avez tous qu'un maître qui est Dieu; il dit d'une manière plus précise : « Vous n'avez tous qu'un maître qui « est le Christ. » Dieu n'est pas seulement pour nous l'éternel, l'immobile, l'absolu, l'invisible : il est aussi le Dieu vivant, présent, aimant et souffrant dans l'humanité. Il est celui de qui vous viennent, si vous êtes vraiment son disciple, les plus particulières, les plus précises, les plus actuelles inspirations.

Or, que voulez-vous que le Verbe fait chair pour le salut du monde inspire à ses disciples, sinon ce qui est nécessaire actuellement au salut du siècle où ils vivent, et surtout à leur propre salut? Leur salut, le salut du siècle où ils vivent, voilà l'œuvre et l'idée universelle, identique pour tous les serviteurs de Dieu dans le même temps, mais variée pour chacun d'eux selon le peuple dont on fait partie, selon le rôle qu'on peut et qu'on doit remplir dans la lutte.

Ainsi l'idée vraiment inspiratrice pour vous, comme pour tous, c'est le salut du siècle où vous vivez, c'est votre salut, lié à votre œuvre, et qu'il faut assurer à chaque heure par un travail et une obéissance propre à cette heure. Votre idée, votre lumière, votre source de vie, c'est le Dieu vivant et fait homme, voulant votre salut et celui du siècle, y travaillant par sa providence actuelle, et vous provoquant à l'aider; vous montrant le côté précis de la vérité que le monde, au moment présent, et que vous-même, en ce moment, devez comprendre, développer et pratiquer pour ne pas échapper au plan providentiel, ou y rentrer si vous en êtes sorti.

Venons plus au détail. Voyons plus en particulier ce qui est inspiré à l'âme qui a su parvenir au silence.

J'ai dit que vous avez dû imposer silence au bruit du siècle; que, pour cela, vous avez dû rompre avec lui. Mais pensez-vous que vous avez rompu avec l'humanité pour écouter Dieu seul? Loin de là. Rompre avec le siècle, c'est bien. Mais rompre avec l'humanité ne se peut pas. Le siècle n'est pas l'humanité. La tendance du siècle et la tendance du genre humain sont deux choses. Celle-ci est la loi et l'autre la perturbation sur la loi. De même que le mouvement total de la terre, dans sa course autour du soleil, implique deux mouvements, celui qui lui fait parcourir sa course régulière, et celui qui la pousse à dévier en des oscillations accidentelles : de même l'humanité, en chaque point de sa marche, a deux mouvements, son mouvement providentiel et régulier, et un mouvement capricieux et pervers qu'on nomme le siècle. Auquel des deux mouvements voulez-vous appartenir? Auquel des deux voulez-vous donner toutes vos forces? Il faut choisir. Il faut vaincre ce mouvement faux qu'on nomme le siècle, le mauvais siècle, qui est la résultante de tous les égoïsmes, de toutes les sensualités, de tous les aveuglements et de tous les orgueils du temps : mouvement coupable, qui croise et retarde le mouvement vrai du genre humain.

Ainsi donc, rompre avec le siècle, ce n'est pas rompre avec l'humanité, c'est être avec l'humanité, en même temps qu'avec Dieu. Et de fait, la première chose que trouve l'âme qui se dégage pour être à Dieu, c'est l'amour de l'humanité. Qui aime le siècle n'aime pas l'humanité. Mais quand le sens divin est réveillé en nous par le silence, le sens humain, le sens d'autrui, le sens fraternel nous revient. La communion avec l'immense humanité commence, parce qu'on vient d'abjurer l'esprit toujours sectaire du siècle. Nous rentrons en union, en sympathie réelle, inspiratrice, avec l'ensemble des hommes de tous les siècles et de toutes les parties de la terre, vivants ou morts, qui sont unis entre eux et avec Dieu. Cette partie saine et essentielle du genre humain, qui a l'unité, dans le temps et l'espace, parce qu'elle a Dieu, cette assemblée universelle, cette *Église catholique* dans le sens le plus large du mot, cette communion des hommes en Dieu nous retrouve, nous reprend, nous ranime de sa sève puissante et de ses divines inspirations. Les craintes communes, les espérances communes, les volontés, les pensées, les efforts de ce grand faisceau d'âmes pour le salut et le progrès du monde, nous portent, nous pénètrent, nous multiplient. Nous regardons le globe, comme Jésus-Christ le regardait, avec larmes; et, en voyant les hommes couchés dans les ténèbres et les ombres de la mort, accablés et foulés aux pieds par le mal, nous voyons avec Jésus-Christ que la moisson est grande et qu'il y a peu d'ouvriers. Nous savons alors ce qui nous reste à faire. Nous savons à quoi penser et à quoi travailler. Le sujet de tous nos travaux est trouvé.

CHAPITRE III

LE SOIR ET LE REPOS.

Tout n'est pas dit sur ces heures de la matinée qui doivent vous apporter, comme fruit secondaire, le don d'écrire; qui ouvrent les sources de l'âme et la pensée originale; qui font travailler en nous la raison plus que des années de lecture; qui mettent en mouvement l'homme entier; qui clarifient l'esprit et même le corps. Je n'ai pas dit encore tous les moyens de donner à ces heures toute leur fécondité, ni de vous faire arriver au grand but, vous, disciple de la justice et de la vérité, qui voulez avoir Dieu pour maître.

Vous avez déjà bien compris que ce travail d'écrire est en grande partie une prière. Je vous parlerai, en effet, tout à l'heure, de la prière proprement dite, qui est le grand moyen de donner à ces heures et à la vie entière toute leur fécondité. Mais, avant cela, voici un moyen que je vous recommande pour doubler votre temps,

Voulez-vous doubler votre temps? Faites travailler votre sommeil. — Je m'explique.

Dans un sens beaucoup plus profond qu'on ne pense, *la nuit porte conseil.*

Posez-vous des questions le soir; bien souvent vous les trouverez résolues au réveil.

Quand un germe est posé dans l'esprit et le cœur, ce germe se développe non seulement par nos travaux, nos pensées, nos efforts, mais par une sorte de fermentation sourde, qui se poursuit en nous sans nous. C'est ce que l'Évangile fait entendre quand il dit : « Lors« qu'un homme a jeté en terre une semence, « soit qu'il veille ou qu'il dorme, la semence « croît et se développe; car la terre fructifie « d'elle-même (*terra enim ultro fructifi-« cat*). » Ainsi de notre âme, elle fructifie d'elle-même.

Que font les écoliers pour bien apprendre leur leçon? Ils la regardent le soir, avant de s'endormir, et ils la savent le lendemain matin.

Que font les religieux pour bien méditer le matin? Ils préparent leur méditation la veille, après la prière du soir, et ils la trouvent toute vivante au réveil dans leur esprit et dans leur cœur. Rien de plus connu.

Laplace, l'illustre mathématicien, nous apprend, dans un de ses ouvrages, que souvent il posait le soir des problèmes par le travail et la méditation, et que le matin au réveil, il les trouvait résolus.

Parmi ceux qui travaillent, qui n'a pas observé ces faits? Qui ne sait à quel point le sommeil développe les questions posées, fait fructifier les germes dans notre esprit? Que de fois, au réveil, la vérité qu'on avait poursuivie en vain brille dans l'âme au sein d'une clarté pénétrante? On dirait que les fruits du travail se concentrent dans le repos, et que l'idée se dépose en notre âme comme un cristal comme un diamant, quand l'*eau mère*, longtemps agitée, vient à dormir.

Voilà le fait. Le sommeil travaille. Il faut donc le faire travailler en lui préparant son travail le soir.

L'emploi du soir! le respect du soir! Quelle grave question pratique!

Nous venons de parler de ce qu'on peut appeler la consécration du matin. Parlons de la consécration du soir.

C'est ici ou jamais qu'il faut savoir rompre avec nos habitudes présentes. Je nie que les esprits puissent grandir avec l'organisation actuelle du soir.

Quand toute journée finit par le plaisir, sachez que toute journée est vide. Je ne parle pas de ceux qui, chaque soir, brisent toute leur force et leur dignité d'homme par une orgie. Je parle de ceux qui, comme presque tous aujourd'hui, cessent toute vie sérieuse à un moment donné, pour l'interrompre pendant au moins douze heures ou quatorze heures. Que devient ce temps? Qu'est-ce que nos conversations du soir, nos réunions, nos jeux, nos visites, nos spectacles? Il y a là comme un emporte-pièce de quatorze heures sur la vie véritable. C'est du repos, dira-t-on. Je le nie. Ce qui dissipe ne repose pas. Le corps, l'esprit, le cœur, épuisés, dissipés hors d'eux-mêmes, se précipitent après une soirée vaine, dans un lourd et stérile sommeil, qui ne repose rien, parce que la vie trop dispersée, n'a plus ni le temps ni la force de se retremper dans ses sources. Dans quel état sort-on d'un tel sommeil?

Certes, il faut du repos; et nous manquons aujourd'hui de repos bien plus encore que de travail.

Le repos est le frère du silence. Nous manquons de repos comme de silence.

Nous sommes stériles faute de repos plus encore que faute de travail.

Le repos est une chose si grande que la sainte Écriture va jusqu'à dire : « Le sage ac- « querra la sagesse au temps de son repos. » Et ailleurs, le grand reproche qu'un prophète adresse au peuple juif est celui-ci : « Vous « avez dit : Je ne me reposerai pas. » (*Et dixisti : Non quiescam.*).

Qu'est-ce donc que le repos? Le repos, c'est la vie se recueillant et se retrempant dans ses sources.

Le repos pour le corps, c'est le sommeil : ce qui s'y passe, Dieu le sait. Le repos pour l'esprit et pour l'âme, c'est la prière. La prière, c'est la vie de l'âme, la vie intellectuelle et cordiale, se recueillant et se retrempant dans sa source, qui est Dieu.

La vie devrait se composer de travail et de repos, comme la suite du temps de cette terre se compose de jour et de nuit.

Nous donc aujourd'hui, nous travaillons encore un peu, mais nous ne nous reposons plus. Après l'agitation du travail, vient l'agitation du plaisir, et après l'une et l'autre, la prostration et l'affaissement.

Où est pour nous le repos du soir, le repos sacré du dimanche, celui des fêtes, et ces plus longs repos encore qu'ordonnait la loi de Moïse?

Le repos, moral et intellectuel, est un temps de communion avec Dieu et avec les âmes, et de joie dans cette communion. Or, il est bien visible que nous n'avons conservé du repos que des figures vides dans nos coutumes et nos plaisirs du soir.

Je ne connais qu'un seul moyen de vrai repos dont nous ayons, quelque peu, conservé l'usage, ou plutôt l'abus, dans l'emploi du soir : c'est la musique. Rien ne porte aussi puissamment au vrai repos que la musique véritable. Le rythme musical régularise en nous le mouvement, et opère, pour l'esprit et le cœur, même pour le corps, ce qu'opère pour le corps le sommeil, qui rétablit, dans sa plénitude et son calme, le rythme des battements du cœur, de la circulation du sang et des soulèvements de la poitrine. La vraie musique est sœur de la prière comme de la poésie. Son influence recueille, et, en ramenant vers la source, rend aussitôt à l'âme la sève des sentiments, des lumières, des élans. Comme la prière et comme la poésie, avec lesquelles elle se confond, elle ramène vers le ciel, lieu du repos. Mais nous, nous avons trouvé le moyen d'ôter presque toujours à la musique son caractère sacré, son sens cordial et intellectuel, pour en faire un exercice d'adresse, un prodige de vélocité et un brillant tapage qui ne repose pas même les nerfs, loin de reposer l'âme.

Vous donc qui voulez faire parler le silence et travailler le sommeil, rendez utile aussi votre repos. Faites en sorte que l'interruption du travail soit vraiment le repos. Consacrez vos soirées. Allez à la réalité des vaines et vides figures qu'ont conservées nos habitudes. Que le repos du soir soit un commerce d'esprit et d'âme, un effort commun vers le vrai par quelque facile étude des sciences, vers le beau par les arts, vers l'amour de Dieu et des hommes par la prière; donnez des germes de lumière, et de saintes émotions au sommeil qui va survenir et où Dieu même les cultivera dans l'âme de son fils endormi.

Une vie bien ordonnée consacrerait ainsi

le soir. Elle consacrerait aussi la fin de chaque période de sept jours, par un repos sacré, et par un jour de communion des âmes en Dieu. Une vie bien ordonnée consacrerait ainsi la fin de chaque année par un repos réparateur qui doublerait la sève et la fécondité du travail de l'année suivante.

Se retremper dans le spectacle de la nature, dans la lumière des arts, dans le commerce des grands esprits, dans les pèlerinages vers les absents, dans les amitiés saintes, dans les ligues sacrées pour le bien, et puis enfin dans quelques jours de sévère solitude, en face de Dieu tout seul, dernier terme du repos de l'année, — qui, de loin, paraît seul austère, mais, de près, est bien doux, — ne serait-ce pas là du repos? Une vie bien ordonnée, enfin, consacrerait tout son automne, tout l'automne de la vie, à Dieu surtout, à l'amour pur qui vient de Dieu, à la charité pour les hommes, au côté substantiel de la science, aux espérances précises du ciel, au recueillement vrai en Dieu, c'est-à-dire à cet unique travail que l'oracle imposait à Socrate dans sa prison, pendant les quelques jours qui le séparaient de la mort, lorsqu'il lui dit ce mot que nous ne savous pas traduire : *Ne faites plus que de la musique;* mot qui doit signifier qu'il faut finir sa vie dans l'harmonie sacrée.

Mais ces beautés du soir de la vie ne sont que des illusions pour la plupart des hommes; pour presque tous, la réalité est bien autre. La vie entière ne peut finir dans l'harmonie sacrée, dans le saint et fécond repos, plein de germes que doit développer la mort pour le monde d'en haut, que si chacune de nos années et chacun de nos jours ont su finir par le repos sacré : car l'automne de la vie ne recueille que ce que chaque jour a semé !

CHAPITRE IV

LA PRIÈRE.

J'ose espérer que vous ne trouverez pas ces conseils inutiles aux progrès de la Logique vivante, c'est-à-dire au développement du Verbe en vous. Je les crois plus utiles, en Logique proprement dite, que l'étude des formes du syllogisme, étude que je ne méprise point, vous le savez[1]. Je vous donne les moyens pratiques de développer en vous la vraie lumière de la raison. Si vous les employez, si vous préparez vos journées par la consécration du soir, votre sommeil lui-même travaillera. Vous vous réveillerez plein de sève, plein d'idées implicites, d'harmonies

[1] Voir, dans le troisième livre de la *Logique*, le chap. I, n° 1, et le chap. IV tout entier.

sourdes. Si, pour écouter cette fermentation intérieure de la vie, cette voix du Verbe au fond de l'âme, vous savez établir le silence en vous, le silence vrai, extérieur et intérieur ; si, pour ne pas se borner à de vagues auditions de ces murmures lointains, qui cesseraient bientôt par la moindre paresse, vous y correspondez par le travail ; si vous cherchez à en fixer les précisions et les détails par la pensée articulée et incarnée dans l'écriture, soyez certains qu'après bien peu de jours d'un tel effort, vous en verrez les fruits. Et lorsque, après votre travail, vous prendrez un jour de repos, et, après une journée, quelques semaines, — si c'est le vrai repos, non son contraire, — vous verrez que votre repos continuera votre travail, et que vous pourrez dire de votre esprit ce qu'on dit de la terre :

Nec nulla interea est inaratæ gratia terræ.

Votre vie entière sera comme ce champ, labouré et ensemencé, où la semence croît et se développe, soit que l'homme veille, soit qu'il dorme : *terra enim ultro fructificat*.

Cependant je n'ai pas tout dit, et il me reste à vous donner le plus important des conseils.

J'ai nommé la prière, mais n'en ai pas encore parlé directement, quoique indirectement je n'aie guère cessé d'en parler.

Je vous le demande, priez-vous? Si vous ne priez pas, qu'êtes-vous? Etes-vous athée ou panthéiste? Alors ce n'est pas à vous que je parle en ce moment. Je parle à l'homme qui, ayant reconnu, dès ses premiers pas en ce monde, le côté vain de la vie, cherche son côté vrai, savoir : l'amour de la justice et la vue de la vérité. Cet homme-là croit en Dieu. Et pour peu que cet homme sache la valeur des mots, il sait que Dieu est l'amour infini, la sagesse, la vie infinie, libre, intelligente, personnelle, en qui nous sommes, en qui nous nous mouvons, en qui nous respirons.

Or, la prière est la respiration de l'âme en Dieu. L'âme prie longtemps sans le savoir. L'âme des enfants, dans leurs années pures, prie et contemple, sans réfléchir, avec la force et la grandeur de la simplicité. Mais, après ces années passives, viennent les années actives et libres. La prière libre, avec conscience d'elle-même, formera l'homme en vous et développera en vous, à l'image de Dieu, la personnalité qui est implicite et latente dans l'enfant.

Je ne vous prouverai pas ici plus amplement qu'il faut prier. Je ne vous y exhorterai même pas. Je vous en donnerai les moyens.

On appelle vulgairement prière du matin et du soir, la récitation d'un certain texte, excellent en lui-même, en usage parmi les chrétiens, récitation dont la durée varie de cinq à dix minutes; et on appelle *méditation* la réflexion libre sur quelque grande vérité, morale ou dogmatique; exercice que quelques personnes font durer le matin une demi-heure. Mais le grand obstacle à ces pratiques, c'est que, dans la méditation, on dort ou on divague, et que, dans la prière, on articule des mots, par trop connus, sans réflexion ni sentiment. Ces deux faiblesses, que presque personne ne sait vaincre, dégoûtent, éloignent continuellement de la prière et de la méditation un très grand nombre d'âmes : car à quoi bon, disent-elles, ces prières nulles, ces méditations vides?

Or voici, pour éviter les distractions dans la méditation, le conseil donné récemment à l'assemblée du clergé d'un diocèse de France.

« Méditez, en écrivant. »

Écrivez lentement, parlez à Dieu que vous savez présent; écrivez ce que vous lui dites;

priez-le de vous inspirer, de vous dicter ses volontés, de vous mouvoir de ces mouvements intérieurs, purs, délicats et simples, qui sont sa voix, et qui sont infaillibles. En effet, s'il vous dit : « Mon fils, sois bon ; » cela peut-il être trompeur? S'il vous dit : « Aime-moi par-des« sus tout : sois pur, sois généreux, sois coura« geux ; aime les hommes comme toi-même ; « pense à la mort qui est certaine, qui est pro« chaine ; sacrifie ce qui doit passer ; consacre « la vie à la justice et à la vérité, qui ne meu« rent pas ; » direz-vous que ces révélations ne sont pas infaillibles? Et si, dans le même temps, l'amour énergique de ces vérités manifestes vous est comme inspiré au cœur par je ne sais quelle touche divine qui saisit et qui fixe, direz-vous que la source de ces forces ardentes et lumineuses n'est pas Dieu? Et si, sans rien ajouter d'arbitraire et d'inutile à ces impressions fortes et à ces lumières simples, vous les écrivez toutes brûlantes, pensez-vous que vous n'en serez pas doublement saisi, et que la distraction et le sommeil interviendront dans cette méditation? Quelqu'un disait, — c'était une femme : — « Oh! je ne « veux plus méditer ainsi : cela me saisit « trop. »

Essayez, et j'espère que plus d'une fois vous cesserez d'écrire pour tomber à genoux et pour verser des larmes.

Plus d'une fois, sous la touche de Dieu, — vous savez qu'il est vrai de le dire : Dieu nous touche, — plus d'une fois votre âme, recueillie par le grand et divin saisissement de ce rare et puissant contact, votre âme opérera d'elle-même cet acte prodigieux que Bossuet nomme le plus grand acte de la vie, et qu'il faut que je vous fasse connaître.

Et, à ce propos, je vous conseille de lire et de relire avec la plus profonde attention les opuscules de Bossuet intitulés : *Manière courte et facile de faire oraison*, et *Discours sur l'acte d'abandon*. C'est le résumé le plus pur et le plus substantiel de l'ascétisme et du mysticisme orthodoxe.

Voici donc l'acte le plus profond, le plus sublime et le plus important que l'âme humaine puisse opérer, et dont Bossuet, d'accord avec l'Église catholique et la plus savante théologie, vous parle ainsi :

« Il faut trouver un acte qui renferme tout
« dans son unité.

« Faites-moi trouver cet acte, ô mon Dieu !

« cet acte si étendu, si simple, qui vous livre
« tout ce que je suis, qui m'unisse à tout ce
« que vous êtes. »

« Tu l'entends déjà, âme chrétienne : Jésus
« te dit, dans le cœur, que cet acte est l'acte
« d'abandon, car cet acte livre tout l'homme à
« Dieu : son âme, son corps en général et en
« particulier, toutes ses pensées, tous ses sen-
« timents, tous ses désirs; tous ses membres,
« toutes ses veines avec tout le sang qu'elles
« renferment; tous ses nerfs, jusqu'aux moin-
« dres linéaments; tous ses os, jusqu'à l'in-
« térieur et jusqu'à la moelle; toutes ses
« entrailles; tout ce qui est au dedans et au
« dehors. »

« O Dieu! unité parfaite que je ne puis éga-
« ler ni comprendre par la multiplicité, quelle
« qu'elle soit, dans mes pensées, et, au con-
« traire, dont je m'éloigne d'autant plus que je
« multiplie mes pensées, je vous en demande
« une, si vous le voulez, où je ramasse en un,
« autant qu'il est permis à ma faiblesse, tou-
« tes vos infinies perfections, ou plutôt cette
« perfection seule et infinie, qui fait que vous
« êtes Dieu, en qui tout est. »

« Avec cet acte, qui que vous soyez, ne
« soyez en peine de rien. Le dirai-je? Oui, je

« Je dirai : ne soyez pas en peine de vos pé-
« chés mêmes, parce que cet acte, s'il est
« bien fait, les emporte tous. »

« Cet acte, le plus parfait et le plus simple
« de tous les actes, nous met, pour ainsi
« parler, tout en action pour Dieu. C'est un
« entier abandon *à cet esprit de nouveauté*
« qui ne cesse de vous réformer intérieure-
« ment et extérieurement en remplissant tout
« votre intérieur de soumission à Dieu, et
« tout votre extérieur de pudeur, de modes-
« tie, de douceur et de paix. »

« Qu'est-ce que cet acte, sinon cet amour
« parfait qui bannit la crainte? Tout disparait
« devant cet acte qui renferme toute la vertu
« du sacrement de Pénitence. »

Vous le voyez, je vous mène en Théologie mystique à propos de logique; mais
tout se touche. La Logique vivante, qui est
le développement du Verbe en vous, c'est-
à-dire de votre esprit ou verbe humain par
son union à l'esprit et au Verbe de Dieu, la
Logique réelle et vivante, a certainement pour
source principale la prière, la prière substantielle telle que Bossuet vient de nous la décrire.

Ajoutons un mot sur l'autre prière, celle dont quelques-uns se dégoûtent, parce que ce sont, disent-ils, toujours les mêmes paroles, qu'à la fin l'habitude nous empêche de voir et d'entendre.

Le fond de cette prière quotidienne, c'est l'Oraison dominicale : « Notre Père qui êtes « aux cieux », et le reste. Cette prière que notre mère, dans notre première enfance, nous a fait dire sur ses genoux et en joignant elle-même nos mains, est celle qui a été dictée, mot pour mot, par le Christ, le maître des hommes. Cette prière, me fût-elle inintelligible, je veux, à tous les titres, et vous voulez comme moi la répéter, tous les jours de la vie, matin et soir, jusqu'à la mort. Du reste, lorsque votre esprit s'est ouvert et a regardé le monde et son histoire, vous avez dû comprendre le sens visiblement divin de ces paroles. Elles sont la prière essentielle de l'humanité sur la terre : « Notre Père, — que « votre règne arrive, que votre volonté soit « faite en la terre comme au ciel. » Évidemment, cela même est la substance de la prière, telle que Dieu doit nécessairement la dicter à tout cœur qu'il inspire.

Mais voulez-vous ajouter quelque chose à

cette courte prière dictée de Dieu, à ce fond de toute prière écrite? êtes-vous de ces heureux et flexibles esprits qui savent lire, c'est-à-dire quitter, quand ils le veulent, leur pensée propre, pour entrer aussitôt dans la pensée d'autrui et improviser en eux-mêmes tout ce que comportent de sens des paroles apportées du dehors? Si vous avez ce don, je vous en félicite grandement et voici ce que je vous conseille. Il existe d'admirables paroles, pleines d'une poésie toute divine et de la plus vigoureuse et de la plus sublime simplicité. Lisez-les comme prière du matin et du soir. Ce sont les Psaumes, sainte poésie du peuple qui a été le cœur du monde ancien et le père du Messie. L'Église catholique en a composé des prières, qu'elle met dans la bouche de ses prêtres. Ces prières, préparées pour les heures diverses du jour, sont composées chacune d'une partie fixe et d'une partie variable : la partie variable diffère pour chaque heure et pour chaque jour de la semaine. Prenez, chaque jour, deux de ces prières, dont l'une répond à la prière du matin et l'autre à celle du soir, ce que nous appelons *Prime* et *Complies*. Lisez-les avec une profonde attention, et regardez la partie variable comme une révélation spéciale que Dieu vous adresserait, à vous, et pour ce jour. Vous verrez si ces vastes paroles n'ont pas une singulière vertu pour nous aider à sortir de nos mesquines pensées.

CHAPITRE V

LA LECTURE.

I

J'ai dit un mot de la lecture. Il en faut parler plus au long. Après la prière et tout ce qui s'y rapporte, après la méditation personnelle, vient la lecture comme source de lumière.

Comment user de la lecture pour le progrès de la Logique vivante, le développement du Verbe en vous?

Il y a un livre qu'on appelle, entre tous les autres, le livre proprement dit, la Bible. Lisez ce livre.

Et d'abord, croyez-vous qu'il ne puisse y avoir, sur la terre, de parole de Dieu actuellement écrite?

Il y a des penseurs qui soutiennent que tous les livres sont sacrés, que toute pensée est inspirée, que toute parole est parole de Dieu. Car, disent-ils, s'il est vrai, comme le croient les chrétiens, que l'homme n'est raisonnable, qu'il ne pense et ne parle que par une participation actuelle à la lumière de Dieu, ou plutôt si, comme nous le soutenons, disent-ils, l'homme est Dieu même pensant, comment expliquez-vous que l'homme puisse parler quelque chose qui ne soit pas parole de Dieu?

J'espère que vous n'adhérez pas à tout ce panthéisme. Mais du moins, si l'on vous enseigne qu'il y a, dans la mémoire des hommes et dans la tradition, des paroles pures et vraiment inspirées de Dieu, je suis certain que vous n'avez aucune solide raison de le nier.

Voici que, depuis plus de trois mille ans, une grande partie du genre humain, la plus vivante, la partie civilisatrice du monde, qui forme le courant principal de l'histoire universelle, et qu'anime l'Église catholique, voici dis-je, que ce côté lumineux de l'humanité, par des motifs considérables qu'il vous est facile de connaître, tient comme étant tout pur, comme certainement saint et divinement inspiré, ce texte écrit qu'on nomme la Bible.

Pourquoi ne le pas croire, si vous croyez en Dieu? Pourquoi ne pas croire d'avance que la bonté du Père a su parfois inspirer ses enfants?

Vous lirez donc la Bible.

Du reste, comment comprendre qu'un homme, quel qu'il soit, croyant ou autre, ne médite pas, avant toute autre chose, les paroles du Christ? Comment comprendre que l'Évangile ne soit pas toujours, pour tout homme de cœur et tout homme qui pense, le premier des livres?

Vous donc, qui voulez être disciple de Dieu et qui avez en vous le sens divin, vous lirez chaque jour l'Évangile. Et quand vous en aurez quelque usage et que vous y lirez ceci : « Si « vous pratiquez ma parole, vous connaîtrez la « vérité, et la vérité vous rendra libres; » quand vous aurez, en effet, entrevu l'insondable lumière du texte et pressenti les forces libératrices que sa pratique vous donnerait, vous verrez bien qu'après la pratique même de l'Évangile et la prière, la méditation des paroles du Christ doit être la grande source philosophique, l'aliment principal du développement du Verbe en vous.

Quand vous commencerez à comprendre,

et à vous douter enfin de cet Évangile éternel, incarné dans cet Évangile historique que vous voyez, vous direz avec Origène : « Il s'agit « donc maintenant de traduire l'Évangile sen- « sible en Évangile intelligible et spirituel. » Et vous ajouterez avec son commentateur, Thomassin : « Oui, il faut traduire l'Évangile « temporel et sensible en Évangile intelligi- « ble et éternel, si nous voulons enfin quitter « l'enfance et parvenir à la puberté de l'es- « prit [1]. »

Voici comment vous lirez.

Lisez le texte ou la Vulgate. D'ordinaire, mettez une heure à lire un ou deux chapitres. Quelquefois, une lecture suivie de l'un des quatre Évangiles est d'un grand fruit. Dans ce cas, il faut lire tantôt dans une langue, tantôt dans une autre, français, allemand, anglais, etc. Dans tous les cas, efforcez-vous de vous appliquer à vous-même tout ce que vous lisez. Priez Dieu ardemment de vous faire en-

---

[1] « Et enim nunc nobis propositum est, » dit Origène, « ut Evangelium sensibile transmutemus in « intelligibile et spiritale. » Et Thomassin ajoute : « Ubi perspicue duplex discriminat Evangelium, et « sensibile intelligibile, temporale in æternum tra- « duci debere demonstrat, si modo pueritia ali- « quando excuti et adolescere intelligentia debet. » (Thomassinus, *De Incarnatione Verbi*, lib. I, cap. x.)

trer dans le fond du sens. Efforcez-vous, et ceci est très important, de trouver dans les discours du Christ, qui d'ordinaire semblent passer brusquement d'un objet à un autre, l'unité puissante et vivante qui les caractérise. A mes yeux, une des plus fortes preuves intrinsèques de la divinité de ces discours, c'est leur saisissante unité jointe à leur étonnante variété. Quand on est parvenu au fond du sens, on aperçoit une sorte de lumière éternelle, immense et simple, dans laquelle vivent et se touchent tous les objets de la création, les plus divers, les plus lointains, comme en Dieu même. Si jamais il vous est donné, une seule fois, de voir les mots évangéliques que Jésus-Christ lui-même compare à des grains de blé, s'il vous est donné de voir ces germes éclater et s'ouvrir, développer leurs tiges, leur beauté, leurs parfums, leurs trésors, vous n'oublierez pas ce spectacle. Et quand vous vous serez nourri de leur substance, qui est à la fois vigne et froment, et plus encore, ou plutôt qui est je ne sais quelle substance universelle impliquant tout, vous comprendrez pourquoi, le Christ ayant prononcé sur le monde ce peu de mots que nous recueillons en dix pages, ces quelques mots ont produit dans l'histoire, je ne dis pas la plus grande, je dis la seule révolution morale, religieuse et intellectuelle qu'ait vue le genre humain.

Plus vous aurez de cœur, d'esprit, de science, de bonne volonté, de courage, de pénétration, d'expérience, surtout d'amour des hommes, plus vous verrez le texte évangélique s'ouvrir pour vous. Mais sachez bien que vous n'aurez saisi le sens dernier des mots du Christ que lorsque vous apercevrez leur incomparable unité, et quand vous pourrez dire de chacun d'eux : *Patuit Deus*.

II

Vous voyez, vous qui voulez avoir Dieu pour maître, que je ne cesse de vous dire une seule chose : écoutez Dieu dans le silence, dans la méditation, dans la prière, dans le travail de la prière écrite, dans la lecture. Comme lecture, je ne vous ai encore parlé que d'un seul livre, l'Évangile. Mais la lecture du livre divin exclura-t-elle les livres humains? Brûlerons-nous tout pour l'Évangile comme on a tout brûlé pour le Coran? Non; le livre divin n'exclut pas plus les livres humains que l'amour de Dieu n'exclut l'amour des hommes. L'amour de Dieu donne l'amour des hommes; de même on puise dans l'Évangile l'intelligence des pensées des hommes; on y puise l'esprit philosophique et scientifique le plus profond ; et, il faut dire avec saint Thomas : « La science du Christ ne détruit pas « la science humaine, mais l'illumine. » Un esprit élargi par l'Évangile, voit dans les livres humains des étendues, des profondeurs, que l'homme souvent n'y a pas mises, mais qu'il a rencontrées et laissées au milieu de son œuvre, à son insu. D'ordinaire, notre étroite pensée ne voit, dans le livre où la pensée d'autrui, que ce que les mots et le style expriment à la rigueur. Loin de prêter aux autres, nous leur ôtons. Nous leur faisons toujours, dans notre entendement parcimonieux et inhospitalier, un lit de Procuste. Mais l'esprit dilaté par l'Esprit du Christ a cet incomparable don des langues, qui comprend les langages divers des différentes natures d'esprit. Il a cette bienveillance intellectuelle qui transfigure les accidents de la parole; remonte de la parole à son sens dans l'esprit, et de ce sens lui-même, tel qu'il est dans l'esprit de nos frères, à l'éternelle idée qui est en Dieu, et qui porte et inspire ce sens. En sorte que, parfois, cette clairvoyante charité de l'esprit voit les choses même à travers une pensée mal conçue et plus mal exprimée, et elle se sert de ces débris pour reconstruire la vérité, comme la science reconstruit un être, qui fut vivant, avec un débris de ses os.

On sait qu'il n'y avait pas de livre si détestable dont Leibniz ne tirât quelque fruit.

Faites de même ou plutôt faites mieux. Puisqu'il est permis de choisir, ne lisez que les excellents. Il faut peu lire, disait Malebranche. Il ne faut lire qu'un livre, disait un autre, voulant faire comprendre par là la puissance toujours considérable de l'unité. Mais que serait-ce si vous saviez trouver l'unité des esprits du premier ordre, et si vous pouviez fréquenter comme une seule société, par voie de comparaison continuelle, Platon et Aristote, saint Augustin et saint Thomas d'Aquin, Descartes, Bossuet et Fénelon, Malebranche et Leibniz! Ce sont là, je crois, les principaux génies du premier ordre. Puissiez-vous parvenir à en voir l'unité! Puissiez-vous parvenir à comprendre dans quel sens général et commun Dieu inspire les grands hommes, et ce qu'il veut de l'esprit humain! Puissiez-vous clairement comprendre, dans Aristote et dans Platon, la grandeur de l'esprit de l'homme et ses bornes, et dans les autres, l'immensité qu'ajoute à la raison humaine la lumière révélée de Dieu!

CHAPITRE VI

FOI. — SCIENCE COMPARÉE.

I

Mais, disions-nous, qu'est-ce que Dieu veut de l'esprit humain? Grande question, que je n'aborde pas ici tout entière. Je poursuis ces conseils pratiques. Il est vrai qu'ils nous mènent à considérer un côté, fort important pour nous, de cette question.

Je vous ai dit que, quand un homme se donne vraiment à Dieu et devient son disciple, Dieu le pousse à une œuvre, le salut du siècle où il vit. Dieu lui montre le monde malade, couché dans les ténèbres et la souffrance; il lui donne le regard du Christ pour en sonder les plaies, et quelque chose du cœur du Christ pour les sentir : puis il lui dit, au fond du cœur : « Il y a peu d'ouvriers. »

Quand l'homme comprend et se décide à devenir un ouvrier, un de ces « ouvriers dont « parle le prophète, qui travaillent sur les na-« tions[1], » qui fortifient leurs frères, et que Dieu suscite quelquefois pour sauver un siècle ou un peuple, alors Dieu lui inspire, par la compassion et l'amour, l'intelligence, ou instinctive ou développée, de l'œuvre à entreprendre.

Or, aujourd'hui, quelle est la plaie et quelle est l'œuvre?

Il n'est pas nécessaire d'être prophète pour le savoir, Jésus-Christ dit aux hommes dans l'Évangile : « Vous savez bien prévoir le beau « temps ou l'orage; hypocrites! pourquoi ne « connaissez-vous pas aussi les signes des « temps[2]? »

Vous donc qui voulez devenir ouvrier parmi les hommes, rendez-vous attentif aux signes des temps qui s'aperçoivent.

Mais d'abord, qu'attendez-vous de la marche

---

[1] Zach., 1, 20, 21. Et ostendit mihi Dominus quatuor fabros... ut dejiciant cornua gentium.
[2] Luc, xii, 56.

de l'humanité sur la terre? Vers quel avenir va le monde? Comment finira-t-il?

Pour moi, je crois que le monde est libre et finira comme il voudra. Le monde finira comme un saint, comme un sage, ou comme un méchant; peut-être comme une de ces âmes insignifiantes et inutiles que Dieu seul peut juger. Tout est possible. L'humanité est libre. Il n'y a pas d'article de foi sur ce point. La seule chose qu'en ait dite le Christ, si toutefois j'entends bien ses paroles, est une question qu'il a posée sans la résoudre. « Quand « le fils de l'Homme reviendra, dit-il, pensez-« vous qu'il trouve encore de la foi sur la « terre? » Il semble que, sur ce sujet, le doute est la vérité même.

Or, je ne sais si vous sentez ceci comme je le sens, mais ce doute m'électrise. Le doute énerve d'ordinaire; ici il vivifie, il transporte. Oui, il se peut que sur la face de cette terre, comme fruit de tant de larmes et de luttes, le bien l'emporte enfin, que le règne de Dieu arrive, et que sa volonté soit faite en la terre, comme au ciel. Il se peut que l'histoire finisse par une moisson. Et il se peut aussi que tout finisse par la stérilité, comme la vie du figuier maudit; que, comme on voit des hommes, épuisés de débauche et perdus de folie, mourir avant le temps, le monde aussi vienne à mourir avant le temps, épuisé de débauche et perdu de folie. Il se peut que la justice et la vérité soient vaincues, et rentrent dans le sein de Dieu en maudissant la terre qui aura refusé de donner son fruit. Or, vous savez qu'aujourd'hui, parmi nous, bien des esprits découragés soutiennent qu'il en sera certainement ainsi. D'autres, étrangement confiants, déclarent qu'il en sera, sans aucun doute, tout autrement, et que le bien doit triompher sur terre. Moi, je l'ignore, et ne sais qu'une seule chose, c'est que l'humanité est libre et que l'homme finira comme il voudra. Je sais que vous, moi, chacun de nous, nous pouvons ajouter nos mouvements et notre poids au mouvement de décadence qui nous emporte vers l'abîme, ou bien, au nom de Dieu, et en union avec le Christ, travailler à sauver le monde, et à redresser, en ce moment même, la direction du siècle et de l'histoire, si elle est fausse.

Mais, je vous le demande maintenant, et ceci est la plaie du siècle, qu'est-ce qui nous manque à tous pour cette œuvre?

Il nous manque la foi.

Si vous aviez de la foi, seulement comme un grain de sénevé, a dit le Christ, vous transporteriez les montagnes, et rien ne vous serait impossible. Or, qui est-ce qui croit maintenant que rien n'est impossible? Qui est-ce qui croit qu'on peut transporter les montagnes, qu'on peut guérir les peuples, faire prédominer la justice dans le monde, et, dans l'esprit humain, la vérité? Où sont-ils, ces croyants?

La foi manque dans ceux qu'il faut sauver, et l'on ne peut pas les saisir; et la foi manque dans ceux qui veulent ou croient vouloir sauver les autres, et ils n'ont pas la force d'entraîner ceux qu'ils auraient saisis.

Quand le Fils de l'Homme reviendra, pensez-vous qu'il trouve encore de la foi sur la terre?

Je le vois, nous sommes sous le coup de cette question. Voilà la plaie.

« Seigneur, augmentez-nous la foi. » Voilà donc la prière qu'il faut faire, et l'œuvre à laquelle il faut nous attacher.

Mais comment?

II

Il y a deux manières. L'une, plus haute que la philosophie, ne nous regarde pas ici. Je l'indiquerai cependant. L'autre précisément, est l'œuvre de la philosophie, et répond à la question posée plus haut : Qu'est-ce que Dieu veut de l'esprit humain?

Le plus puissant moyen de retrouver la foi est celui qu'a employé saint Vincent de Paul. On lit, dans la vie de cet homme héroïque, un fait trop peu connu. Un jour, ému de compassion par l'état d'un malheureux prêtre, docteur en théologie, qui perdait sa foi parce qu'il avait cessé d'étudier la grande science, saint Vincent de Paul pria Dieu de lui rendre la vivacité de sa foi, s'offrant de se soumettre lui-même, s'il le fallait, au fardeau que ce pauvre frère ne pouvait pas porter. Il fut exaucé à l'heure même, et ce grand saint resta, pendant quatre ans, comme privé de cette foi qui cependant était sa vie. Savez-vous comment il sortit de cette épreuve? Il en sortit en devenant saint Vincent de Paul, c'est-à-dire tout ce que signifie ce nom. C'est cette épreuve, inexplicable en apparence, qui a fait saint Vincent de Paul, c'est-à-dire l'esprit de foi, d'amour, de compassion incarné dans une vie tout entière. C'est en se donnant à la compassion sans réserve que ce grand cœur a retrouvé la possession paisible de sa foi. « Après trois ou

« quatre ans passés dans ce rude exercice, dit
« son historien, gémissant toujours devant
« Dieu, il s'avisa un jour de prendre une
« résolution ferme et inviolable de s'adon-
« ner toute sa vie, pour l'amour de Dieu,
« au service des pauvres. Il n'eut pas plus
« tôt formé cette résolution dans son es-
« prit que ses souffrances s'évanouirent,
« que son cœur se trouva remis dans une
« douce liberté; et qu'il a avoué depuis,
« en diverses occasions, qu'il lui semblait
« voir les vérités de la foi dans la lu-
« mière[1]. »

Voilà l'exemple. Que notre siècle en fasse autant, et se donne, pour l'amour de Dieu, au service des pauvres. Il n'y aura bientôt plus de lutte contre la foi.

Tel est le grand et le premier moyen de ramener la foi sur la terre pour la sauver. Voici le second.

Le premier est ce que Dieu veut du cœur humain. Le second est ce que Dieu veut de l'esprit humain. Ceci regarde la Logique. Donnez-moi toute votre attention.

[1] Abelly, t. II, p. 298.

III

Quelle est depuis trois siècles, en France, et plus ou moins dans toute l'Europe, et par conséquent dans le monde, la marche de l'esprit humain sous le rapport de la foi? Je vois un grand siècle de foi, le dix-septième; je vois un siècle d'incrédulité, le dix-huitième; je vois un siècle de lutte entre la foi et l'incrédulité, c'est le nôtre. Qu'est-ce qui l'emportera? C'est là, dis-je, ce qui dépend de nous.

Qu'était le dix-septième siècle? Un docteur en théologie, d'abord; et en outre, sous le rapport intellectuel, le point le plus lumineux de l'histoire. Le dix-septième siècle, lui seul, est le père de sciences, le créateur de cette grande science moderne dont nous sommes si fiers aujourd'hui. On a, depuis, perfectionné, déduit et appliqué; mais il a tout créé, et, si l'on ose ainsi parler, tout dans l'ordre scientifique, a été fait par lui, et rien de ce qui a été fait jusqu'à présent n'a été fait sans lui. Il y a eu là comme une inspiration du Verbe pour l'avènement des sciences. Ce siècle, du reste, était le plus précis, le plus complet des siècles théologiques; le plus grand sans comparaison des siècles philosophiques, et le plus grand des siècles littéraires.

Mais, après cet immense élan, l'esprit humain, semblable à ce docteur qui avait cessé d'étudier, cessa aussi de travailler, non la physique, non les mathématiques, mais la théologie et la philosophie, la science de Dieu et celle de l'homme.

Et alors la foi se perdit.

Je dis qu'on a cessé de travailler la théologie et la philosophie. La théologie, cela est visible; et l'œuvre du dix-huitième siècle a précisément consisté à chasser la théologie de toutes les directions de l'esprit humain. On la chassait au nom de la philosophie. On proclamait le règne de la philosophie, et, pendant ce temps, on chassait la philosophie à tel point que je ne connais aucun siècle qui en ait eu moins. C'est ce que j'ai quelque part clairement démontré par une citation de Voltaire, suivie d'une citation de Condillac. Je dis donc qu'après l'immense lumière du siècle précédent, l'ignorance philosophique du dix-huitième siècle est un prodige qui ne saurait être expliqué que par la dépravation générale des mœurs, la paresse et l'abâtardissement qui en résultent. Je ne connais qu'un seul phénomène analogue : c'est l'histoire, du reste trop fréquente, de ce pauvre enfant, d'abord brillant et admirable dans ses études, tant qu'il est pur et pieux ; mais le vice et l'impiété le font descendre, d'une année à l'autre, aux derniers rangs.

On cessa donc de s'occuper de théologie et de philosophie, et on perdit la foi, ou plutôt le tout vint ensemble : il y a là une cause et un effet mêlés, qui se produisent réciproquement : immoralité, incrédulité et paresse, font cercle. Le commencement est où l'on veut.

Je n'ajoute qu'un mot sur le dix-huitième siècle. Sa ressource devant Dieu, et ce pour quoi, peut-être, il n'a pas absolument rompu avec le cours providentiel de l'histoire, c'est qu'il a parlé de justice et d'amour des hommes, parfois sincèrement, et que, pendant qu'il s'égarait d'ailleurs, il y avait, au fond du siècle, je ne sais quel mouvement du cœur universel des bons, qui cherchait, par une adoration plus profonde, à devenir plus semblable au cœur sacré du Christ ; et le siècle superficiel lui-même, à travers ses débauches et ses folies, bénissait saint Vincent de Paul, et le prenait pour son patron.

Mais revenons. La question est aujourd'hui de savoir lequel des deux mouvements sera le nôtre. A qui voulons-nous ressembler, à nos pères ou à nos aïeux? Il est clair que ces deux mouvements, parmi nous, luttent encore et que nous hésitons. Laisserons-nous courir la décadence, qui court toujours, ou remonterons-nous vers la lumière?

Je le répète, cela dépend de nous.

Vous avez vu la décadence simultanée de la philosophie et de la foi. Relevez l'une et l'autre en même temps, et l'une par l'autre. Est-ce que vous ne comprenez pas que votre philosophie stérile, nulle, épuisée, et dont ne s'occupe plus que la lignée des professeurs, n'est telle que parce qu'elle est vide de foi? Et ne voyez-vous pas de vos yeux que la foi est chassée de l'esprit de tous les demi-savants, et même des ignorants, par le préjugé séculaire que la philosophie et la raison sont contraires à la foi?

Travaillez donc à les réunir, et vous travaillerez au salut du siècle.

IV

Mais je ne m'arrêterai pas aux généralités, je veux en venir au détail. Voici pour arriver à ce grand but, — qui est précisément ce que Dieu veut de l'esprit humain ; — voici encore, si vous ne vous lassez pas de me suivre, un conseil pratique qui, du reste, est indispensable au développement de vos facultés et au progrès de la lumière dans votre esprit.

Voici ce conseil : *Travaillez la science comparée.* Ceci demande explication.

Travailler la science comparée, c'est prendre pour devise, dans vos études, cette parole de Leibniz : « Il y a de l'harmonie, de la mé-« taphysique, de la géométrie, de la morale « partout. » C'est ajouter encore à cette immense et profonde parole deux mots que Leibniz ne désavouera pas, et dire : « Il y a de « l'harmonie, de la métaphysique, de la *théo-« logie,* de la *physique,* de la géométrie, de la « morale partout. » C'est y ajouter encore une autre parole que nous citons sans cesse et que nous voudrions pouvoir écrire partout en lettres d'or, et que voici : « Il faut

« savoir qu'il y a trois sortes de sciences :
« la première est purement humaine ; la
« seconde, divine simplement ; la troisième
« est humaine et divine tout ensemble ;
« c'est proprement la vraie science des chré-
« tiens [1]. »

Si vous voulez aujourd'hui travailler utile-
ment, contribuer au retour du siècle vers la
lumière, à la renaissance de la foi, à la res-
tauration de la raison publique, c'est dans ce
sens qu'il vous faut travailler.

Rappelez-vous les paroles du grand Joseph
de Maistre, ce demi-prophète :

« Attendez que l'affinité naturelle de la re-
« ligion et de la science les réunisse dans la
« tête d'un seul homme de génie : l'apparition
« de cet homme ne saurait être éloignée, et
« peut-être même existe-t-il déjà. Celui-là
« sera fameux et mettra fin au dix-huitième
« siècle, qui dure toujours [2]. »

Remarquez toutefois que si l'homme de
génie était né avant 1810, ou même avant
1820, il aurait bien probablement déjà donné
signe de vie. Considérez de plus que l'œu-

[1] *Vie de M. Olier*, t. II, p. 277.
[2] *Soirées de Saint-Pétersbourg*. Onzième entre-
tien.

vre est tellement immense qu'Aristote ou Leibniz n'y suffiraient pas. Aristote a trop peu d'élan; Leibniz a trop de singularités. Peut-être saint Thomas d'Aquin pourrait-il entreprendre la Somme du dix-neuvième siècle : génie d'un élan prodigieux, sans aucune singularité, sublime et rigoureux, aussi étendu tout au moins qu'Aristote ou Leibniz, on n'ose lui tracer de limites ni dire ce qu'il ne pourrait pas.

Mais où est saint Thomas d'Aquin? Où est la plus haute sainteté, unie au plus haut génie? Où est l'absolue chasteté d'une vie entière, unie à la richesse d'une nature méridionale? Où sont la solitude, le silence, le cloître, et ces douze frères écrivains, qui déchiffrent, copient, cherchent pour saint Thomas, et sont prêts nuit et jour à écrire ces dictées que Dieu inspire?

Que faire donc? Il faut, en attendant, que quelque coup de génie nous réveille et entraîne l'esprit européen dans cette féconde et magnifique carrière, il faut, vous qui entrevoyez ces vérités, vous y donner d'abord et tout entier. Qui sait si l'on ne fera pas, par le nombre et l'union, ce que Joseph de Maistre attend de l'unité et de la solitude du génie ?

Peut-être, en effet, le temps est-il venu où il n'y aura plus d'écoles, où l'on ne donnera plus à aucun homme particulier le nom de maître, où l'on pratiquera en un certain sens élevé ce mot du Christ : « N'appelez personne sur « la terre votre maître, parce que vous n'avez « qu'un maître, qui est le Christ, et que vous « êtes tous frères. » Peut-être que plusieurs humbles disciples du Christ, unissant leurs intelligences dans l'humilité fraternelle, et méritant, dans l'ordre de la science, cette bénédiction du vrai maître : « Lorsque deux ou « trois d'entre vous s'unissent en mon nom « sur la terre, je suis au milieu d'eux ; » peut-être, dis-je, que plusieurs humbles frères, unis en Dieu, feront plus qu'un grand homme.

Peut-être que plusieurs bons ouvriers, décidés, courageux, laborieux, et poussés par un architecte invisible, construiront l'édifice comme des abeilles construisent une ruche.

Mais je suis seul, me direz-vous. Alors soyez du moins aussi courageux que Bacon, mais plus modeste. Ne dites pas comme lui : *Viam aut inveniam aut faciam ;* mais travaillez pourtant, et si vous êtes persévérant et convaincu, peut-être, plus heureux que Bacon, qui cherchait à briser une porte déjà ouverte par de plus forts que lui, peut-être vous sera-t-il donné d'ouvrir modestement à d'autres plus forts que vous, qui sauront conquérir la place, une porte qu'ils n'apercevaient pas.

CHAPITRE VII

SCIENCE COMPARÉE.

I

Cela posé, voici comment vous travaillerez, si vous voulez parvenir à la science comparée.

Je suppose que vous sortez du collège, avec de bonnes études littéraires, et quelque commencement de philosophie.

Il vous faut maintenant la théologie et les sciences. Vous savez que les grands hommes du dix-septième siècle étaient à la fois mathématiciens, physiciens, astronomes, naturalistes, historiens, théologiens, philosophes, écrivains. Qu'on en cite un qui n'ait été que philosophe! De Kepler à Newton, tous sont théologiens. Voilà vos modèles.

Donc, reléguez un peu, et même beaucoup, les lettres et la philosophie, et faites place à la théologie et aux sciences.

Du reste, il est heureux que vous ayez à prendre ce parti, car, si vous avez du goût pour les lettres et la philosophie, la première précaution à prendre, c'est de ne pas vous y enfermer. « Homme littéraire, dangereux et « vain ! » disait quelqu'un.

Comprenez-vous ce texte de l'Écriture sainte : « Parce que je ne suis pas littéraire, « j'entrerai dans les puissances sacrées ? » (*Quoniam non cognovi litteraturam, ideo introibo in potentias Domini.*) N'avez-vous jamais remarqué la différence, le contraste, je dirai même l'opposition qui se rencontrent entre la puissante profondeur des divines idées, et surtout des divins sentiments, et leur expression littéraire ? N'avez-vous jamais remarqué ces deux natures d'esprit, si bien décrites par Fénelon, dont l'une exprime, à peu près sans voir ni sentir ; dont l'autre sent et voit, mais n'exprime pas, ou du moins pas encore ?

Défiez-vous de cette première espèce d'esprits, et tâchez de n'en être pas. Si vous avez déjà acquis quelque art d'exprimer ce que vous tenez, cherchez maintenant les choses à exprimer ; car il vous faut d'abord savoir :

Scribendi recte sapere est et principium et fons.

Laissez maintenant dormir en vous l'esprit littéraire, et cherchez l'esprit scientifique. Soyez savant. Votre esprit non seulement en deviendra plus riche, mais aussi plus fort et plus grand.

Heureux ceux qui soumettent leur esprit au conseil que Virgile donnait aux laboureurs :

Et qui proscisso quæ suscitat æquore terga
Rursus in obliquum verso perrumpit aratro,
Exercetque frequens tellurem atque imperat arvis[1] !

Faites de même. Croisez votre littérature par la science, la science par la théologie. Rompez vos premières habitudes d'esprit, vos premières formes de pensée. Surtout, si vous avez pris, au collège, une première attache à un système particulier de philosophie, hâtez-vous de rappeler la charrue, et de diriger les sillons dans un tout autre sens :

Rursus in obliquum verso perrumpit aratro.

---

[1] « Que dire de celui qui, après avoir ouvert le sol
« et soulevé la terre, retourne la charrue, croise et
« brise les premiers sillons, exerce ainsi la terre et
« la gouverne ! » (*Géorgiques*, I, 97-99.)

Dans ce second travail, rien de bon ne sera perdu ; mais que de préjugés, d'erreurs, d'incohérences disparaîtront ! Quelle mince culture que celle de la première éducation ! Superposez à cette éducation une autre éducation, et puis une autre encore. Rompez et domptez votre esprit en le labourant plus d'une fois en plusieurs sens :

Exercetque frequens tellurem atque imperat arvis.

Ne craignez pas de changer plusieurs fois de culture. Rien n'est plus favorable à la terre, dit ailleurs le poète. Le changement de culture repose :

Sic quoque mutatis requiescunt fœtibus arva [1].

Il y a plus, telle ou telle production brûle et dessèche la terre, si on la continue. Mais que les moissons se succèdent sans se ressembler, et la terre les porte gaîment.

> Urit enim lini campum seges, urit avenæ,
> Urunt lethæo perfusa papavera somno,
> Sed tamen alternis facilis labor [2].

---

[1] « C'est ainsi que la terre se repose par le chan-
« gement de culture. »
[2] « Le lin brûle le champ qui le porte ; l'avoine
« aussi et le pavot chargé du sommeil de la mort.
« Mais la terre ne souffrira point, s'ils se succè-
« dent. »

C'est ainsi, par exemple, que les mathématiques isolées brûlent et dessèchent l'esprit : la philosophie le boursoufle ; la physique l'obstrue ; la littérature l'exténue, le met tout en surface, et la théologie parfois le stupéfie. Croisez ces influences ; superposez ces cultures diverses ; rien de bon ne se perd, beaucoup de mal est évité.

II

L'esprit est une étrange capacité, une substance d'une nature surprenante. Je vous excite à la science comparée ; je vous demande, pour cela, d'étudier tout : théologie, philosophie, géométrie, physique, physiologie, histoire. Eh bien, je crois vous moins charger l'esprit que si je vous disais de travailler de toutes vos forces, pendant la vie entière, la physique seule, la géométrie seule, la philosophie ou la théologie seule. Il se passe pour l'esprit ce que la science a constaté pour l'eau dans sa capacité d'absorption. Saturez l'eau d'une certaine substance : cela ne vous empêche en rien de la saturer aussitôt d'une autre substance, comme si la première n'y était pas, puis d'une troisième, d'une quatrième et plus. Au contraire, et c'est là le fort du prodige, la capacité du liquide pour la première substance augmente encore quand vous l'avez en outre remplie par la seconde, et ainsi de suite, jusqu'à un certain point. Donc, ajoutez à votre philosophie toutes les sciences et la théologie, vous augmenterez votre capacité philosophique : votre philosophie, à son tour, augmente de beaucoup votre capacité scientifique, théologique ; ainsi de suite, jusqu'à un certain point qui dépend de la nature finie de l'esprit humain et du tempérament particulier de chaque esprit. Il ne faut point oublier surtout que ces capacités de l'eau dépendent principalement de sa température. Refroidissez : la capacité diminue ; elle augmente si la chaleur revient. De même, rien n'augmente autant la vraie capacité de l'esprit qu'un cœur ardent. L'esprit grandit quand il fait chaud dans l'âme. Les pensées sont grandes quand le cœur les dilate. Il y a des esprits où il fait clair ; il y en a où il fait chaud, disait excellemment Joubert. Oui, parfois la chaleur et la clarté se séparent. mais la chaleur et la grandeur, jamais. Les esprits les plus grands sont toujours ceux où il fait chaud.

Donc ne vous effrayez pas du travail de la *science comparée;* la science comparée, au contraire, est une méthode pour travailler énormément, sans trop de fatigue; c'est le moyen de déployer toutes vos ressources et toutes vos facultés, et surtout d'approfondir chaque science plus qu'elle ne pouvait l'être dans l'isolement.

L'avenir montrera la vérité de cette remarque, si l'on entre courageusement dans la voie de la science comparée.

Quelle n'a pas été la fécondité de l'algèbre, appliquée à la géométrie; puis la fécondité de cette science double, appliquée à son tour à la physique et à l'astronomie! Que sera-ce quand on ira plus loin, et que l'on saura comparer les sciences morales aux sciences physiologiques, et même physiques, et le tout à la théologie?

III

Sous ce rapport, les Allemands nous donnent l'exemple. Seulement, le panthéisme en égare un grand nombre. Le faux principe des hégéliens opère, dans le domaine des sciences, la parodie de ce que nous annonçons ici. Ils prétendent qu'il n'y a qu'une science, parce que tout est absolument un ; qu'il ne faut plus morceler la science en logique, morale, physique, métaphysique, théologie : tout cela, disent-ils, est précisément un et identique, parce que tous les objets sont identiques, tout étant Dieu.

Voilà la confusion. Nous parlons, nous, de comparaison. C'est autre chose. Comparaison suppose, au contraire, distinction.

On sait assez les résultats risibles, et quelquefois odieux, qui sortent de ce principe de confusion panthéistique, soit en Logique, soit en Morale, soit en Physique. Mais ce que l'on sait moins, c'est que cette voie de rapprochement, cette tentative impossible d'identifier toutes les lignes de l'esprit humain, a cependant poussé à la comparaison, et produit, en quelques esprits éminents, dont plusieurs, du reste, sont libres de tout panthéisme, de très grands résultats. Il suffit de citer Ritter, le grand géographe, Burdach, le grand physiologiste, Gœrres, Humboldt, le philologue, Schubert surtout.

Nous pouvons d'ailleurs attendre de ce peuple de grandes choses pour la science comparée. Ces âmes profondes, mystiques, harmonieuses vont volontiers au centre des idées, en ce point où les racines des vérités se touchent. La monstrueuse philosophie, absolument absurde, dont ils sont aujourd'hui victimes, n'est point pour toute l'Allemagne, une preuve de réprobation intellectuelle. Ils ont poussé à bout, les premiers, la raison humaine isolée et séparée de Dieu; dès que la raison de ce peuple reprendra sa racine en Dieu, on verra ce que peut produire la puissance harmonique de ces âmes.

Mais, même dès maintenant, il est vrai de dire que leurs travaux, malgré la confusion panthéistique qui s'y rencontre, ont préparé beaucoup de matériaux à la science comparée. Quand la véritable science comparée s'élèvera, elle traitera ce monstrueux produit, comme l'Écriture sainte nous rapporte que Tobie, inspiré par l'ange, traita ce monstrueux poisson qui l'effrayait d'abord. « Sei« gneur, il m'envahit, » criait l'enfant, comme nous disions du panthéisme qui nous envahissait de toutes parts. « Ne crains rien de ce « monstre, lui dit l'ange, prends-le et amè« ne-le à toi : tu te nourriras de sa chair. » Quand nous aurons conçu quelque chose de l'idée et du plan de cette science nouvelle, qui sera celle du prochain grand siècle, nous traiterons ainsi le panthéisme, qui maintenant s'engraisse pour nous.

IV

Ainsi ne craignez ni la masse, ni le nombre, ni la diversité des sciences. Tout cela sera simplifié, réduit et fécondé par la comparaison.

Mais il vous faut, en tout cas, de toute nécessité, une connaissance suffisante de la géométrie et des mathématiques en général; de l'astronomie, de la physique et de la chimie, de la physiologie comparée, de la géologie et de l'histoire, sans parler de la théologie, dont il sera question plus tard.

Et n'oubliez pas d'ailleurs, qu'il ne faut jamais consacrer à ces choses tout votre temps. Il en faut au contraire, réserver la meilleure partie pour Dieu seul, et pour écrire.

La tâche, peut-être, vous paraît impossible. Elle ne l'est pas. Mais à deux conditions : c'est que vous saurez étudier et que vous choisirez vos maîtres.

Vous ne prendrez pas la science, comme on

prenait autrefois le quinquina avec l'écorce; le malade, alors, mangeait peu de suc et beaucoup de bois. Vous prendrez la science, le plus possible, comme on prend aujourd'hui la quinine, sans écorce ni bois. Puis vous aurez des maîtres qui n'enseigneront pas avec cette excessive lenteur que nécessite la faiblesse des enfants dans les collèges, et surtout qui s'éloigneront de la manière de ces trop nombreux professeurs, qui jamais ne présentent un ensemble à l'auditoire, mais toujours des parcelles indéfiniment étendues; en sorte que le cours n'est jamais terminé, mais se prolonge toujours, quel que soit le nombre des années qu'on y mette. Vous chercherez des maîtres qui sachent vous présenter rapidement les résultats et les totalités.

Ceci posé, commencez par consacrer, par exemple, deux ans aux mathématiques, à la physique et la chimie, et à la théologie.

Prenez une heure et demie de leçon par jour, dans l'après-midi. Deux leçons de mathématiques par semaine; deux leçons de physique et de chimie, deux leçons de théologie. Travaillez chaque leçon deux heures, immédiatement après les leçons. Ceci est l'emploi de l'après-midi.

Donnez ensuite deux ans aux trois cours suivants : astronomie et mécanique ; physiologie comparée ; théologie.

Puis deux autres années aux cours suivants : géologie, géographie, histoire, philologie, théologie.

N'oubliez pas que je parle à un homme décidé à travailler toute sa vie ; qui trouve que l'étude même, après la prière, est le bonheur ; qui veut creuser et comparer chaque chose pour y trouver la vérité, c'est-à-dire Dieu. Du reste, tenez pour certain que les grandes difficultés vous attendent, vous qui entrerez les premiers dans cette voie.

Mais que de peine on pourrait s'épargner si on savait s'unir et s'entr'aider ! si, au nombre de six ou sept, ayant la même pensée, on procédait par enseignement mutuel, en devenant réciproquement et alternativement élève et maître ; si même, par je ne sais quel concours de circonstances heureuses, on pouvait vivre ensemble ! si, outre les cours de l'après-midi et les études sur les cours, on conversait le soir, à table même, sur toutes ces belles choses, de manière à en apprendre plus, par causerie et par infiltration, que par les cours eux-mêmes ; si, en un mot, on pouvait former quelque part une sorte de Port-Royal, moins le schisme et l'orgueil !

Quoi qu'il en soit, j'ai supposé que vous pourriez trouver des maîtres capables de vous présenter rapidement l'ensemble de chaque science et son résultat utile ; et aussi, que vous sauriez prendre, dans chaque science, le suc en négligeant l'écorce.

Mais là même est la difficulté. Si nos sciences étaient ainsi faites, et nos professeurs préparés à enseigner ainsi, les admirables résultats de nos grandes sciences cesseraient bientôt d'être un mystère réservé aux écoles et aux académies. Mais, puisqu'il n'en est pas ainsi, j'essayerai de vous donner, sur la manière d'étudier ou d'enseigner ces sciences, quelques avis très incomplets, auxquels j'espère, vous saurez suppléer.

CHAPITRE VIII

MATHÉMATIQUES.

I

Parlons d'abord des mathématiques.

Platon avait écrit, dit-on, sur la porte de son école de philosophie, ces mots : *Nul n'entre ici s'il ne sait la géométrie.* Ce mot a été récemment commenté par M. Bordaz-Desmoulin, l'un des rares esprits qui, parmi nous, ont cherché à entrer dans la voie de la science comparée, et qui écrit sur la première page de son livre cette épigraphe : « Sans les mathémati-
« ques, on ne pénètre point au fond de la philo-
« sophie; sans la philosophie, on ne pénètre
« point au fond des mathématiques; sans les
« deux, on ne pénètre au fond de rien. »

Quand Descartes, l'un des quatre grands mathématiciens, anathématise les mathématiques en ces termes : « Cette étude nous rend « impropres à la philosophie, nous désac- « coutume peu à peu de l'usage de notre raison, « et nous empêche de suivre la route que sa « lumière nous trace ; » Descartes, par ces mots, ne contredit point Platon ni ses commentateurs ; il parle de l'usage exclusif des mathématiques isolées. De même qu'une terre est épuisée par tel produit unique revenant chaque année, mais le supporte par alternances, ainsi de notre esprit. Les mathématiques seules ruinent l'esprit : cela est surabondamment prouvé. Quant à ce que peut l'union de la philosophie et des mathématiques, Descartes en est lui-même la preuve, avec Leibniz encore plus que Platon.

Kepler, le plus grand peut-être des mathématiciens, disait : « La géométrie, antérieure « au monde, coéternelle à Dieu, et Dieu même « a donné les formes de toute la création, et a « passé dans l'homme avec l'image de Dieu... » D'après lui, la géométrie est en Dieu, elle est dans l'âme. On ne connaît Dieu et l'âme, sous certaines faces, que par les idées géométriques.

Non seulement Kepler a montré le premier

que la géométrie, non approximativement, mais en toute rigueur, comme le dit Laplace, était dans le ciel visible ; il l'y a vue, et cette vue est la vue des grandes lois qui régissent toutes les formes et les mouvements astronomiques. Non seulement on a su, depuis, introduire les mathématiques dans toutes les branches de la physique ; non seulement on a trouvé que la lumière et les couleurs sont nombres, lignes et sphères ; que le son est aussi nombre et sphère ; que la musique, dans sa forme sensible, n'est que géométrie et proportions de nombre ; mais voici que déjà la physiologie elle-même commence à s'appliquer la géométrie, comme dans les travaux de Carus et autres, par exemple, dans ce beau théorème de Burdach : « Dans la « forme la plus parfaite, le centre et la péri- « phérie sont doubles. » Mais on ira plus loin. On introduira les mathématiques dans la psychologie pour y mettre de l'ordre et en apercevoir le fond ; ces vagues pressentiments de Platon, de Pythagore, de saint Augustin et de tant d'autres : « L'âme est « un nombre ; l'âme est une sphère ; l'âme « est une harmonie ; » deviendront des précisions scientifiques. Nous avons essayé d'en montrer quelque chose dans notre *Connais-*

sance de l'âme[1]. On verra ce qu'a dit Leibniz : « Il y a de la géométrie partout; » on en trouvera jusque dans la morale.

Mais comment étudier et enseigner cette vaste science? Comment en cultiver toutes les parties : arithmétique, géométrie, algèbre, application de l'algèbre à la géométrie, calcul infinitésimal, différentiel et intégral; comment embrasser toutes ces sciences?

Voici ce que je vous conseille.

II

Posez d'abord à votre maître une première question : Qu'est-ce que tout cela? Demandez-lui une première leçon d'une heure et demie sur ce sujet. Quand il vous aura dit et fait comprendre qu'il n'y a en tout cela que deux objets, les *nombres* et les *formes*, *arithmétique* et *géométrie;* puis une manière de les représenter, de les calculer, de les comparer, *arithmétique* et *application de l'algèbre à la géométrie;* puis une manière plus profonde encore de les analyser, *calcul infinitésimal,*

---

[1] Livre IV, chap. III. Voyez aussi le livre V, chap. II, portant ce titre : « Le Lieu de l'Immortalité. »

dont le *calcul différentiel* et le *calcul intégral* sont les deux parties, alors vous demanderez à votre maître une leçon sur chacune de ces branches.

Il y a une règle générale d'enseignement presque toujours renversée aujourd'hui : c'est qu'il faut commencer, en tout enseignement, par la racine et par le tronc, passer de là aux maîtresses branches, puis aux branches secondaires, puis aux rameaux, puis aux feuilles et aux fruits, puis à la graine et au noyau, et montrer à la fin, dans chaque noyau et dans chaque graine, la racine et le tout. Aujourd'hui d'abord, nous ne parlons jamais du tout, ni au commencement, ni à la fin; du reste, nous commençons arbitrairement par tel ou tel rameau, et quand nous en avons plus ou moins décrit toutes les branches, sans les approfondir ni même en montrer l'unité, nous croyons notre tâche achevée. Les professeurs sont trop souvent, comme le poète dont parle Horace, assez habiles dans certains détails, mais incapables de produire un tout :

Infelix operis summa quia ponere totum
Nesciet.

Après cette leçon générale sur chaque branche, recommencez cinq ou six leçons sur chacune, puis reprenez le tout encore avec plus de détail.

On peut enseigner de cette manière ; on le doit, du moins pour certains esprits ; il le faut, et nous y viendrons.

III

Ici je veux vous indiquer une simplification fondamentale qui doit vivifier et accélérer, dans une incalculable proportion, l'enseignement des mathématiques. Je suis heureux de pouvoir m'appuyer en ce point sur l'autorité de deux mathématiciens éminents, M. Poisson, dont les ouvrages sont dans toutes les mains, et M. Coriolis, ancien directeur des études de l'École polytechnique, homme d'autant d'expérience que de pénétration. M. Poisson, pendant les dernières années de sa vie, travaillait à renouveler en France l'enseignement des mathématiques, par la méthode que je vais dire, et qui est aux anciennes méthodes ce que notre nouveau moyen de locomotion est aux anciens. Mais les efforts de l'illustre et habile géomètre ont échoué contre la force d'inertie et le droit de possession des vieilles méthodes. Tout ce qu'il a pu obtenir comme conseiller de l'Université, c'est une ordonnance décrétant le changement de méthode. L'ordonnance a paru, mais elle n'a pas été suivie d'effets.

Il faut la reprendre. M. Poisson disait que les parties des mathématiques devaient être enseignées par la méthode infinitésimale. Quelques personnes se souviennent encore qu'un jour, présidant un concours d'agrégation, M. Poisson, oubliant un instant le candidat qu'il avait à juger, prit la parole et développa ceci : « qu'il y a en géométrie quatre méthodes : méthode de superposition, méthode de réduction à l'absurde, méthode des limites, méthode infinitésimale. La superposition, disait-il, n'est applicable qu'en très peu de cas; la réduction à l'absurde suppose la vérité connue, et prouve alors qu'il ne peut en être autrement, mais sans montrer pourquoi. La méthode des limites, isolée de l'idée des infiniment petits[1], cette méthode plus

---

[1] Je dis « isolée de l'idée des infiniment petits », car on est pleinement dans le vrai lorsque, avec M. Duhamel, on regarde « la notion des infiniment petits, et la con-« ception fondamentale des limites comme intimement « unies l'une à l'autre, et comme étant les deux idées « générales les plus fécondes des sciences mathémati-« ques. » (Préface des *Éléments de calcul infinitésimal.*)

généralement applicable que les deux autres, suppose aussi la vérité connue, et n'est, par conséquent, pas davantage une méthode d'investigation : ce sont trois méthodes de démonstration, applicables chacune, dans certains cas, aux vérités déjà connues. Au contraire, la méthode des *infiniment petits* se trouve être à la fois une méthode générale et toujours applicable, et de démonstration et d'investigation. » — Il est vrai, pendant que M. Poisson parlait ainsi, à côté de lui, un autre mathématicien illustre croyait l'arrêter tout court en lui disant : Qu'est-ce que les infiniment petits? Je ne sais ce qu'a répondu M. Poisson. Mais, quant à la méthode, qu'importe la réponse? Il suffit qu'avec notre notion, telle quelle, des infiniment petits, qui sont ce que Dieu sait, aussi bien que le point, la ligne, la surface, le solide et le reste, il suffit dis-je, que l'introduction de cette notion soit la voie, sans comparaison la plus facile et la plus courte, pour trouver et montrer la vérité mathématique.

C'est donc celle-là que nous prendrons.

Sans m'arrêter aux objections de ceux qui disent qu'on ne sait ce que c'est, qu'elle n'est point rigoureuse, <!-- illegible --> mploie parce qu'elle mène au but. D'ailleurs, nous avons répondu, ce semble, à ces difficultés dans le quatrième livre de notre Logique, et surtout dans notre introduction à la Logique.

Il y a, dans cette défiance de la *rationalité des infiniment petits*, ce que disait déjà Fontenelle, lorsque les esprits chagrins de l'Académie des sciences voulaient étouffer dans son germe la découverte de Leibniz, il y a *une sainte horreur de l'infini;* il y a ce rationalisme pédant qui se donne bien du mal pour démontrer rigoureusement le *postulatum* d'Euclide, qui n'en a pas besoin ; il y a ce pédantisme qui se flatte, comme nous le disait un spirituel mathématicien, de trouver des difficultés là où personne n'en avait vu ; il y a ce que pensait Bordaz-Desmoulin, lequel a dit fort à propos : « L'infini qui ne fait qu'apparaître dans la science l'éblouit ; » il y a cette disposition qui poussa Lagrange à écrire sa *Théorie des fonctions analytiques, dégagée de toute considération d'infiniment petits*, etc. ; il y a enfin cet étrange aveuglement des esprits d'une certaine nature, qui ne veulent point d'idées plus grandes que nous, et ignorent que, comme le dit Bossuet, « nous n'égalons jamais nos idées, tant

« Dieu a pris soin d'y marquer son infinité. »

Nous citions un autre mathématicien compétent, M. Coriolis, lequel, peu de temps avant sa mort, nous avouait qu'il eût aimé à consacrer le reste de ses forces à la réforme, dans ce sens de l'enseignement mathématique. Tout ramener à la méthode infinitésimale était, me disait-il, l'idée de toute sa vie, comme professeur et comme directeur des études. A ses yeux, l'enseignement des mathématiques, aujourd'hui en France, était le plus lourd, le plus pédant, le plus fatigant pour les élèves et pour les maîtres qu'il fût possible de voir, et présentait le plus étrange exemple de routine qu'ait offert aucun enseignement dans aucun temps. « Quand on parle
« comme on le fait souvent, disait-il, de la
« routine des séminaires dans l'enseignement
« théologique, on est loin de se douter
« que l'enseignement mathématique est vic-
« time d'une routine incomparablement plus
« lourde et plus barbare. »

D'après ces autorités, ces raisons, et bien d'autres, je ne pense pas qu'il soit téméraire d'affirmer qu'une seule année d'études par la méthode infinitésimale, convenablement appliquée et présentées, donnerait, non pas plus d'acquis ni de détail, mais plus de résultats utiles, plus d'intuition géométrique, et surtout plus de développement des facultés mathématiques, que le séjour même de l'École polytechnique, qui est de deux ans, et qui suppose d'ordinaire trois années d'études préalables.

Par cette voie, qui est vraiment, comme le disait M. Poisson, la seule voie d'invention, ne voit-on pas qu'en peu de temps on apprendrait à l'élève géomètre à faire de petites découvertes, et à voir par lui-même, au lieu d'apprendre par cœur, sans voir? Il développerait ses facultés, en acquérant la science, et accélérerait sa vitesse par chaque effort.

Je conclus, sur ce point, en répétant mon assertion : la méthode infinitésimale appliquée partout en mathématiques, c'est la lumière introduite dans la masse, c'est la vitesse substituée à la lenteur. Aussi je ne doute pas un seul instant que la solution du problème de l'enseignement ne réside surtout en ce point. On peut doubler, plus que doubler, la vitesse, la clarté, la fécondité de l'enseignement mathématique par l'introduction décidée de la méthode infinitésimale. On peut alors superposer les deux éducations nécessaires de l'esprit, faire pénétrer la science dans les lettres, trop vides et trop banales sans ce vigoureux aliment, et par contre, donner à la science la chaleur lumineuse, le feu, qui seul en transfigure la masse, et la change en diamant. Le premier qui, en France, instituera sur une base durable, par la voie que nous indiquons, cette pénétration mutuelle des lettres et des sciences dans la première éducation, celui-là doublera les lumières de la génération suivante, et deviendra peut-être le Richelieu d'un grand siècle.

IV

Reste donc un point dont personne ne s'occupe.

Nous étudions aujourd'hui les mathématiques soit pour passer un examen, soit pour apprendre aux autres à le passer, mais non pas pour savoir, pour posséder la science. Quand donc nous savons démontrer un théorème, c'est tout. Mais que fait-on de ce théorème démontré? Que fait notre esprit de cette vérité dévoilée? Quand est-ce qu'il la médite, la contemple en elle-même, et s'en nourrit? Quel est le sens de cette géométrie et de ces formes? Ces formes sont des caractères que nous avons appris à distinguer, à désigner, à reproduire, à comparer. Mais que veulent dire ces caractères? S'il est vrai que les caractères mathématiques sont des vérités absolues, éternelles, elles sont en Dieu, elles sont la loi de toute chose. Nous commençons à le comprendre pour la nature inanimée : mais que sont-elles dans l'ordre vivant? Que sont-elles dans l'âme? Que sont-elles en Dieu? Et quelle est la philosophie de ces formes? Questions étranges pour les mathématiciens purs, aussi bien que pour les philosophes purs, mais questions que l'on posera, et que peut-être on résoudra un jour, quand les mathématiques se répandront dans l'ensemble de la science comparée.

Du reste, si vous avez lu et compris le quatrième livre de notre Logique, intitulé l'INDUCTION OU PROCÉDÉ INFINITÉSIMAL, vous y avez vu un exemple de la comparaison de la philosophie et des mathématiques : exemple qui me paraît jeter une vive lumière sur le point capital de la Logique, lequel, étant demeuré obscur jusqu'à présent, quoique vaguement entrevu de tout temps, était une vraie pierre d'achoppement pour la philosophie.

V

Nul n'est juge dans sa propre cause. J'ose pourtant exhorter nos jeunes lecteurs à travailler, avec plus d'attention qu'on ne l'a su faire jusqu'ici, ce chapitre de la Logique, tel que je l'ai écrit. Il y a bientôt huit ans que j'ai publié la théorie du *Procédé de transcendance*. Depuis, cette théorie a été publiée en Allemagne par un auteur qui, de son côté, arrivait au même résultat. Nulle objection sérieuse ne nous a été faite, et j'ai d'ailleurs démontré ma pensée une dernière fois dans une introduction [1] qui me semble ne pouvoir plus être attaquée, du moins dans sa thèse principale. Voici cette thèse : *La raison a deux procédés, déduction, induction, procédé de* CONTINUITÉ *et procédé de* TRANSCENDANCE. *Ces deux procédés nécessaires, de déduction et de transcendance sont les deux procédés logiques fondamentaux de la géométrie, comme de toute autre science. En géométrie, comme partout, le procédé de transcendance*

---

[1] Logique : introduction. Cette introduction ne se trouve pas dans la première édition, mais dans les suivantes.

ou l'induction est le procédé d'invention par excellence.

Or, si j'ai raison, il s'ensuit que le chapitre principal de la Logique, *la logique d'invention*, disait Leibniz, ce chapitre, oublié par la philosophie contemporaine, est remis en lumière. Il s'ensuit encore, selon moi, *que le secret, la formule générale de ces jugements prompts, rapides et sûrs que pose le sens commun,* formule que cherchait ou regrettait Jouffroy[1] et qu'il croyait possible de *déterminer*, se trouve maintenant en effet déterminée. Les obstacles logiques, élevés contre l'instinct des âmes et le mouvement spontané des esprits, sont scientifiquement renversés.

Cela mérite d'être vérifié.

Pascal a dit : « Le cœur a ses raisons que « la raison ne connaît pas. » Eh bien ! je suis très fier d'avoir écrit des volumes de logique qui démontrent, entre autres choses, que les raisons du cœur sont bonnes.

Mais quittons brusquement ce sujet, pour qu'il ne nous mène pas trop loin.

Passons à la principale application des mathématiques, l'astronomie.

[1] *Nouveaux mélanges*, p. 94.

CHAPITRE IX

ASTRONOMIE.

L'ignorance du public au sujet de l'astronomie est véritablement étrange.

J'ai connu des hommes très instruits qui m'ont longtemps soutenu, très vivement, en me qualifiant d'*empiriste*, que le vieux système astronomique, plus philosophique, disait-on, que le nouveau, était le vrai ; que le soleil tourne autour de la terre, non la terre autour du soleil.

Ainsi cette science simple, facile, régulière, lumineuse, majestueuse et religieuse, cette science pleine, dans ses détails, du plus puissant intérêt, cette science, modèle des sciences, et chef-d'œuvre de l'esprit humain, non seulement n'est pas encore devenue populaire, mais même est absolument inconnue de la plupart de ceux qui ont reçu une éducation libérale complète.

Il est vrai que cela tient en grande partie à la manière dont on l'enseigne.

D'abord, la science est encombrée d'instruments, hérissée d'algèbre, défigurée par un bon nombre de mots effrayants, enveloppée de cercles dont l'imagination ne peut sortir, masquée surtout par les incroyables figures d'animaux, de dieux et de serpents que vous savez. Rien n'effraye plus les esprits que ces figures. De sorte qu'il faut braver les tentations de découragement, et briser une épaisse écorce pour parvenir jusqu'au noyau, au résultat utile, au fait. De plus, on expose d'ordinaire l'astronomie d'une étrange façon. On commence par décrire longuement et minutieusement à l'élève des apparences dont on lui apprendra ensuite la fausseté. Pourquoi ne pas dire tout de suite et franchement ce qui en est?

Je me souviens d'un fort habile homme qui, sur la lecture du premier volume d'un de nos plus savants traités d'astronomie, voyant l'auteur parler toujours des mouvements du soleil, des cercles qu'il parcourt, des révolutions diurnes, de ses mouvements annuels, progrès, stations et rétrogradations, croyait, d'après cet exposé, que l'Académie des sciences était revenue au système de Ptolémée.

Je ne pense pas qu'il faille procéder ainsi quand on n'a pas de temps à perdre.

Commencez, comme pour toute autre science, par une seule leçon sur l'ensemble; puis une leçon sur le système solaire, une autre sur le système stellaire, une troisième sur les Nébuleuses. Reprenez le système solaire en dix ou douze leçons, le système stellaire en trois ou quatre, les Nébuleuses plus brièvement encore. Dans ces leçons, ne parlez pas des apparences, qui fourvoient l'imagination, ne dites que ce qui est, donnez les résultats, les résultats certains; mettez à part ce qui est contestable au sujet des étoiles et au sujet surtout des Nébuleuses. Parlez très peu d'abord des instruments et des méthodes, qui sont l'échafaudage du monument; montrez le monument lui-même, il le mérite. Puis recommencez encore plus amplement, et, tout en multipliant les détails précis, serrez de près l'unité de la science; montrez la cause unique de toutes les formes et de tous les mouvements, l'attraction et sa loi. Voyez sortir de là, par voie de conséquence, la courbe du second degré, le cercle et sa famille, pour régner seuls sur tous les astres; et ne rejetez pas trop vite ce que disait Kepler, compétent en ces choses, puisque c'est lui qui les a découvertes, que le cercle est un symbole de l'âme et de la Trinité de Dieu, de sorte que l'âme et Dieu seraient partout retracés dans le ciel et en seraient la loi. Placez ici la mécanique céleste, et l'application surprenante de précision et de délicatesse du calcul infinitésimal à l'analyse de toutes ces formes et de tous ces mouvements. Faites connaître cette puissance du calcul qui pèse sur les astres, et qui annonce leurs mouvements plusieurs années d'avance, non pas à la minute, ni à la seconde, mais par dixième de seconde; qui, sur l'imperceptible frémissement d'un astre, affirme, comme l'a fait M. Leverrier, qu'il y a un astre invisible, à un milliard de lieues, qui inquiète celui que l'on voit; puis enfin, calculant le sens et l'amplitude du frémissement, dénonce le lieu et l'heure où l'on apercevra l'astre inconnu.

Pendant ces leçons développées, la description des instruments, des méthodes et des

procédés et l'histoire de la science se placent
çà et là comme digression, avec un très grand
intérêt ; surtout l'admirable histoire de Kepler, qui est la Genèse de l'astronomie.

Mais quand vous connaîtrez tout le maté-
riel de la science, les faits et leurs lois, que votre
imagination se représentera, jusqu'à un certain point, l'ensemble des formes et des mouvements, — je parle ici du système solaire, qui
est la partie achevée de la science ; — quand
vous saurez les distances des planètes au soleil, leur grandeur relative, leur densité, le
temps des rotations et des révolutions ; quand
vous verrez toute cette flotte de mondes voguer de concert et avancer dans le même
sens ; et notre terre aussi flottant comme un
navire autour de cette île de lumière qui est
notre soleil ; quand vous verrez les décrois-
sances étranges de lumière, de chaleur et de
mouvement pour les mondes éloignés du
centre ; puis l'incroyable excentricité et l'espèce de folie des comètes, qui semblent se
débattre sous la loi dont elles sont d'ailleurs
dominées tout autant que les mondes habi-
tables ; et puis leur étonnante mobilité de
formes, leurs combustions furieuses, tantôt
dans la chaleur et tantôt dans le froid ; quand

vous verrez toute cette géométrie en action, toute cette physique vivante, tout ce merveilleux mécanisme de la nature, toujours entretenu par la présence de Dieu, et manifestement réglé par sa sagesse, sous des lois qui sont son image; quand vous verrez la vie et la mort dans le ciel : un monde brisé dont les débris roulent près de nous, le ciel emportant avec lui ses cadavres dans son voyage du temps, comme la terre emporte les siens; quand vous verrez des étoiles disparaître, pendant que d'autres naissent, croissent et grandissent; quand vous apercevrez ces Nébuleuses, — que ce soient des groupes de soleils ou bien des groupes d'atomes, que les unes soient soleils, d'autres atomes, poussière d'atomes ou poussière de soleils, qu'importe? — quand vous verrez les groupes de même race, mais de différents âges, parvenus sous nos yeux à différents degrés de formation, et laissant voir la marche du développement, comme nous voyons dans une forêt de chênes, le développement de l'arbre dans tous ses âges; puis quand vous verrez sur tous les mondes ces alternances de nuit et de jour, ces vicissitudes de saisons, en harmonie avec la vie de la nature, je dirai même avec la vie de nos

pensées et de nos âmes : vicissitudes, alternatives, partout inévitables, excepté dans ce monde central où règne un plein été, un plein midi; alors, s'il n'entre dans votre astronomie ni poésie, ni philosophie, ni religion, ni morale, ni espérances, ni conjectures de la vie éternelle et de l'état stable du monde futur; si vous ne comprenez rien à ce mot sublime de Ritter : « La terre, dans ses révolutions perpé-
« tuelles, cherche peut-être le lieu de son éter-
« nel repos; » si vous ne comprenez ces mots de saint Thomas d'Aquin : « Rien ne se meut
« pour se mouvoir, mais bien pour arriver :
« tous ces mouvements cesseront; » — si vous ne comprenez ces mots de Herder : « La dis-
« persion des mondes ne subsistera pas; Dieu
« les ramènera à l'unité, et réunira dans un
« même jardin les plus belles fleurs de tous les
« mondes; » — si vous ne croyez pas à cette prophétie de saint Pierre : « Il y aura de nouveaux
« cieux et une nouvelle terre; » et à cet oracle du Christ : « Il n'y aura plus qu'une bergerie; »
— si, en face de ces caractères si grandioses, et de ces traits fondamentaux de l'œuvre visible de Dieu, vous regardez sans voir et sans comprendre, sans soupçonner la possibilité du sens; alors, oh! alors, je vous plains!

CHAPITRE X

PHYSIQUE.

Qu'est-ce que la physique? Nous appelons *physique* la science de la nature inorganique, et *physiologie* la science de la nature organisée. Ces mots s'entendent suffisamment.

Dans la nature inorganique, nous distinguons deux choses : la matière et la force. Sans discuter si ce qu'on nomme matière n'est pas aussi purement un effet de la force (ce que nous ne pensons pas, du moins dans le sens ordinaire des dynamistes), continuons à poser, avec le peuple, la distinction de matière et de force.

Qu'est-ce que la matière? La physique n'en dit rien. C'est une question fondamentale de la métaphysique, qu'il est certes permis au physicien de méditer et de poursuivre; mais, de fait, dans l'état actuel de la science, la physique ne parle que peu ou point de la matière, et ne traite que des forces.

La physique, c'est donc la théorie des forces de la nature inorganique.

N'y a-t-il qu'une seule force? Y en a-t-il trois? Y en a-t-il quatre? Le fait est que la science tend à les ramener toutes à une seule, l'électricité, qui produit trois effets ou forces dérivées, la lumière, la chaleur.

Ceci renferme donc toute la physique.

Qu'il y ait une première leçon d'ensemble sur ce sujet, c'est-à-dire sur l'électricité, en notant, toutefois, que la physique traite aussi du son, qui n'est qu'une imitation et une image grossie de la lumière, et rentre sous la même théorie.

Viendront ensuite trois leçons sur l'attraction, sur la lumière, sur la chaleur, considérées dans leurs effets généraux, et comme produits de l'électricité. — Puis une leçon spéciale sur l'acoustique.

Ensuite, il faudra reprendre en détail les grands chapitres de la physique, en développant, dans chacun de ces chapitres, la théorie des ondes, qui est le fond et l'unité de la science.

C'est par ce point que la physique touche à la géométrie, et que l'on entre en physique et géométrie comparées. La théorie des ondes développe et embrasse toute la physique. Et qu'est-ce que les ondes? Des sphères se développant avec une vitesse calculable, se succédant à intervalles comptés. Ce sont des mouvements, des formes, des nombres. Là encore les mathématiques, la géométrie sont partout. La Bible l'avait bien dit : « Tout est compté, pesé « et mesuré. » *Omnia in numero, pondere et mensura.* Descartes avait raison de dire : « Tout se fait par formes et mouvements ; » il avait raison d'affirmer qu'on poursuivrait dans le détail des phénomènes les lois précises de ces formes et de ces mouvements, espérance que Pascal lui-même n'osait concevoir, et qui est aujourd'hui accomplie, en grande partie du moins.

Du reste, la science avance chaque jour dans cette voie. Tout se calcule, tout est compté, pesé et mesuré. On finira probablement par soumettre à l'analyse mathématique les phénomènes chimiques eux-mêmes. N'avons-nous pas déjà les étonnants travaux d'un illustre mathématicien [1] sur les atomes, non seulement atomes des corps mais atomes de la lumière : travaux où le génie atteint par le calcul les formes de l'atome, et leurs variations, et leur polarité, d'où résultent le jeu variable des forces dans la matière et les variations de chaleur, de couleur, de répulsion et d'attraction? Là se trouve probablement la prochaine grande découverte à faire dans les sciences : il nous faut les Kepler et les Newton de l'infiniment petit. On attend les législateurs de l'atome, comme on a les législateurs des astres.

Rien ne me semblerait plus utile, en physique, que de méditer ces questions, dût-on se borner à les poser.

Quoi qu'il en soit, une fois rattachées à la géométrie et au calcul, la physique et la chimie se rattacheront plus haut encore.

Je ne crains nullement d'affirmer, conformément à ma thèse générale sur la science comparée, qu'il faut remonter, par la physique et la chimie, à travers les mathématiques, jusqu'à la philosophie, et jusqu'à la théologie : la philosophie et la théologie, du reste, étant certainement comparables et mutuellement pénétrables.

[1] M. Cauchy.

Si nous croyons, comme l'affirme un esprit distingué qui entre dans cette voie[1], que « toute « science qui s'isole se condamne à la stérilité; » que « cette philosophie qui continue « à la fois les grandes traditions... de Descartes, de Leibniz, *est capable de passer la « frontière*, et d'entrer sur le terrain de la physique; » nous croyons de même que la physique aussi est aujourd'hui capable de monter plus haut, et que cette tentative de physique et de philosophie comparée est, comme le dit encore le même auteur, « une tentative qui, « un jour ou l'autre, doit réussir[2]. »

Il faut en venir à comprendre ce qu'il y a sous cette théorie nouvelle des ondes, sous ces formes sphéroïdales qui sont partout, sous cette loi générale de la raison inverse du carré des distances, ce qu'il y a enfin dans toute force. Il faut savoir s'il est vrai et visible en physique, comme cela est visible en psychologie, que Dieu opère en tout ce qui opère; que l'attraction, la lumière, la chaleur sont des effets de la présence de Dieu, produits par

---

[1] M. Henri Martin, *Philosophie spiritualiste de la nature.*
[2] *Philosophie spiritualiste de la nature.* Préface, p. XXII.

lui comme cause première, et radicalement impossibles sans son action perpétuelle. Il faut voir si cette vérité théologique n'est pas impliquée dans cette étrange propriété du mouvement et de la propagation des forces, *leur persistance indéfinie, sans fatigue ni altération*, de sorte que le rayonnement d'une force quelconque se conserve toujours tout entier à quelque distance du centre que l'onde soit parvenue. Il faut savoir si on ne peut pas dire que Dieu, par là, a pris soin de marquer son infinité dans la force, comme il a pris soin, dit Bossuet, de marquer son infinité dans nos idées; si dès lors on ne peut pas apercevoir le côté de la force qui est de Dieu, comme on aperçoit, en psychologie, le côté de la raison et des idées qui est donné de Dieu; comme en effet on doit finir par distinguer, dans tout ce qui est créé, le fini, qui est le créé lui-même et l'indispensable présence de l'incommunicable infini, qui porte et soutient le fini.

Je vais plus loin; je crois avec l'auteur déjà cité, qui en a montré quelque chose, « à l'ac-
« cord des conclusions légitimes de la méthode
« rationnelle en philosophie et dans les scien-
« ces naturelles avec les enseignements chré-

« tions sur la nature de Dieu, sur sa providence
« et sur sa création[1]. »

Et pour vous dire le fond de ma pensée qui, au premier abord, pourra choquer bien des esprits, je suis très convaincu qu'il est possible d'entreprendre d'une manière véritablement scientifique, ce qui a été déjà vaguement entrepris tant de fois, je veux dire d'appliquer à toute la physique et à toutes les sciences, l'idée qui inspira Kepler dans sa merveilleuse découverte du monde astronomique, et qu'il indique dans son chapitre : « Du reflet de la Trinité « dans la sphère. » *De adumbratione Trinitatis in sphærico*. Si la sphère et ses dérivés sont partout, si cette forme renferme, en effet, quelque vestige, quelque ombre du grand mystère, il s'ensuit donc qu'il y a partout vestige de la Trinité, comme l'affirmait Kepler d'après la théologie catholique.

Et, pour ce qui est de la physique en particulier, je ne dirai pas avec les Allemands, ni avec Lamennais, dans son *Esquisse d'une philosophie*. « que toute force, quelle qu'elle soit, « est un écoulement du Père, un don qu'il fait « de lui-même; que toute intelligence, toute

---

[1] *Philosophie spiritualiste de la nature.* Préface, p. xx.

« forme, quelle qu'elle soit (notamment la lu-
« mière), est un écoulement du Fils, un don
« qu'il fait de lui-même ; que toute vie (notam-
« ment le calorique) est un écoulement de
« l'Esprit, un don qu'il fait de lui-même[1], » et
que par conséquent les trois forces de la nature
sont les personnes divines. Nous dirons que
tout ce panthéisme est absurde ; il renferme
pourtant une vérité, qu'il défigure, savoir :
l'universelle présence de Dieu et son action
universelle, et la signature en toute chose
de son indivisible Trinité, ce que saint Paul
touchait quand il disait : « Nous sommes
« en lui, vivons en lui, et nous mouvons en
« lui. » *In ipso vivimus, movemur et sumus.*

[1] Lamennais, *Esquisse d'une philosophie*, t. I, p. 338.

CHAPITRE XI

PHYSIOLOGIE.

S'il est une science que stérilise son isolement, et que vivifierait, ou plutôt que transfigurerait son union à la philosophie, et par celle-ci à la théologie, c'est la physiologie[1].

Je vous signale l'état actuel de cette science. Il est tel aujourd'hui, en France, que le doyen d'une faculté de médecine, dans son cours de 1850, citait à ses élèves Helvétius, Cabanis et Condillac, comme les auteurs à consulter sur les rapports du physique et du moral.

D'un autre côté, néanmoins, la physiologie de Burdach, longtemps repoussée, commence à être appréciée par les esprits philosophiques.

[1] Voir le *Traité de la Connaissance de l'âme*, liv. I, chap. III, et liv. III, chap. III.

On fera justice des traces de panthéisme que renferme ce grand ouvrage, et l'on saura en exploiter les fécondes intuitions.

Burdach avait écrit un premier traité de physiologie (*Blick in's Leben?*) où il cherche à montrer dans l'ensemble et les détails de la science une seule idée, celle de la Trinité. Mais ce travail ayant été taxé de *conception physiologique a priori* (grande injure aux yeux des physiologues), l'auteur a écrit, en conservant le plan invisible de son idée, son traité de *physiologie expérimentale*.

Un esprit au moins aussi profond que Burdach, mais plus exact et entièrement chrétien, c'est Schubert (de Munich). Il faut connaître surtout son livre intitulé : *Histoire de l'âme*. Vous y trouverez de très grandes vues de théologie, de philosophie et de physiologie comparées, sans panthéisme.

Un homme, moins spécial que les précédents, Gœrres, en physiologie, n'est rien moins que le premier auteur d'une découverte fondamentale vulgairement attribuée à d'autres. Gœrres, le premier, a distingué dans la moelle épinière les nerfs du sentiment et les nerfs du mouvement. Or, ce vigoureux esprit a fait dans sa mystique et ailleurs d'heureux efforts de physiologie et de psychologie comparées.

L'étude de la physiologie aura pour vous, entre autres avantages, ce résultat pratique, de vous faire toucher du doigt la profonde décadence de la philosophie médicale parmi nous, de vous montrer clairement la possibilité d'une magnifique réforme, et de vous inspirer peut-être la grande pensée de l'entreprendre.

Quant à nous, nous avons parlé de ces choses dans le *Traité de la* Connaissance de l'ame, et nous croyons avoir posé les bases de la *Psychologie* et de la *Physiologie* comparées[1]. Efforcez-vous de comprendre, de juger par vous-même, les thèses que j'ai essayé d'établir sur ce point. Elles sont le fruit d'un fort grand travail suivi pendant un quart de siècle au moins. Elles n'ont point été attaquées. Au point de vue physiologique, des esprits éminents les ont jugées solides.

---

[1] *Connaissance de l'âme*, liv. I, chap. III.

CHAPITRE XII

GÉOLOGIE, GÉOGRAPHIE, HISTOIRE.

I

Ce qui manque, à peu près partout dans l'enseignement, c'est l'ensemble. Mais dans aucun enseignement ce défaut n'est plus sensible ni surtout plus fâcheux qu'en histoire.

Le défaut d'ensemble en histoire équivaut à l'erreur. Faute d'ensemble, on perd de vue la proportionnalité des faits ; dès lors, toute la science du passé devient informe sous nos yeux. On fausse l'histoire en ôtant aux faits leur mesure. On ne ment pas, on ne tronque pas absolument, on n'ajoute pas, mais on groupe les objets, et on dirige où l'on veut la lumière qui les montre. On a deux manières inverses de voir, l'une qui grossit, l'autre qui diminue, ce qui détruit toute la vérité du spectacle; on voit, comme cet animal de la fable, successivement avec les verres opposés de cette lunette.

> On voit de près tout ce qui charme.
> On voit de loin ce qui déplaît.

Par là, on peut établir par l'histoire les plus redoutables mensonges et les plus pernicieuses erreurs. C'est pour cela que M. de Maistre a pu dire : « L'histoire depuis trois cents ans, « est une conspiration permanente contre la « vérité. » Parole capitale, à laquelle on commence à faire droit.

Je voudrais pour cette seconde éducation que vous entreprenez par amour de la vérité, vous voir reprendre vos études historiques en commençant par l'histoire universelle, vue d'abord dans le plus rapide ensemble. Dès ce premier coup d'œil jeté sur toute l'histoire, je voudrais faire entrer toute la science comparée que comporte l'histoire, astronomie, géologie, géographie, philologie, philosophie, théologie. Évidemment l'esprit moderne travaille à la philosophie de l'histoire, et la vanité d'un si grand nombre de tentatives malheureuses sur ce point n'empêche pas cette tendance d'être profondément utile et vraie.

Et puisque j'ai nommé la théologie, je voudrais, en effet, que l'histoire fût pour vous une étude sacrée, et que vous pussiez dire avec Ritter : « Cette science est pour moi une re-« ligion. » Je voudrais qu'avec saint Augustin et Bossuet, vous pussiez contempler dans son ensemble la marche du genre humain, en y cherchant cette trace de Dieu dont un prophète a dit : « Seigneur, qu'il nous soit donné « de connaître votre route sur cette terre, et « votre plan providentiel pour le salut de tous « les peuples[1]. » Est-ce que le progrès de l'histoire est autre chose que le progrès de la religion? Est-ce qu'on ne peut pas donner de la religion et de l'histoire cette seule et même définition : « Le progrès de l'union des hom-« mes entre eux et avec Dieu? »

Puis il faudrait étudier d'abord le théâtre où se passe la scène de l'histoire, — cette planète qui nous est donnée, — et méditer ce qui nous est connu de sa nature, de son origine et de ses destinées.

Il faut d'abord la voir voguer comme un

---

[1] Ut cognoscamus in terra viam tuam, in omnibus gentibus salutare tuum. (Ps. LXVI.)

navire et louvoyer sur l'écliptique, en roulant sur son axe, et courant autour de ce centre glorieux d'où lui viennent la lumière et la vie. Il faut voir sa petitesse relative, connaître sa jeunesse, et savoir qu'elle mourra. Nous avons parmi les planètes une planète morte, les autres mourront aussi. Nous voyons parmi les étoiles s'éteindre des soleils ; le nôtre s'éteindra aussi. Ce qu'il faut en conclure d'abord est que nous sommes des passagers sur un vaisseau. Puis en voyant courir ce vaisseau, avec son infatigable vitesse et la surprenante précision de sa marche, demandons-nous : Pourquoi court-il, et où va-t-il? et répondons avec le prince des géographes : « La terre, « dans ses révolutions perpétuelles, cherche « peut-être le lieu de son éternel repos [1]. »

Quand nous saurons par l'astronomie et la géologie que nous avons commencé, — puisque si notre terre n'a pas été d'abord un nuage, ce qui est bien probable pourtant, du moins il est certain qu'elle a été tout entière dans le feu, puis tout entière sous l'eau ; — quand nous saurons que nous avons commencé, que nous sommes jeunes, que nous devons finir, nous

---

[1] Voir dans la *Connaissance de l'âme*, le livre intitulé : *le Lieu de l'immortalité*.

tiendrons les deux bouts de l'histoire, notre origine et notre fin, et nous ne pourrons regarder l'une et l'autre que dans une humble et religieuse contemplation. La vue de ce monde qui est né, qui doit mourir, qui est en marche, qui est toujours à moitié dans la nuit et à moitié dans la lumière, qui est fécond par places et par intermittences, nous fera comprendre ces poétiques assertions de Herder :
« Notre humanité n'est qu'un état de prépara-
« tion et le bouton d'une fleur qui doit éclore.
« L'état présent de l'homme est le lien qui
« unit deux mondes. »

Puis, regardant en elle-même cette demeure du genre humain; examinant son plan géographique, aussi visiblement tracé avec intelligence que le plan d'une maison; contemplant aussi le prodige de sa vie météorologique et de ses arrosements : ces inondations de lumière, de chaleur, d'électricité, d'eau féconde, qui ont un but aussi visible, aussi prémédité que le travail d'un jardinier; n'oubliant pas de remarquer aussi la richesse de son sein, plein d'armes, d'instruments, de trésors, — vous conclurez encore, avec Ritter,
« que notre globe est manifestement une
« demeure préparée par une intelligente

« bonté, pour l'éducation d'une race d'hom-
« mes. »

Et lorsqu'enfin sur ce théâtre vous verrez venir successivement des créatures irraisonnables et muettes, pour y attendre un être intelligent et libre, qui parle, qui connaît et qui veut; quand vous verrez, comme de vos yeux, Dieu même déposer sur la terre l'homme qui n'y était pas l'heure d'avant, et quand vous aurez bien compris qu'il est une date précise, un lieu précis où un homme a été tout à coup suscité dans le monde pour être père du genre humain ; je crois que ce spectacle, si vous savez le contempler, en laissant tomber un instant le lourd aveuglement et l'inquiète incrédulité qui nous dérobent tout rayon de lumière, je crois que ce spectacle mettra en vous le germe de l'histoire, et l'esprit de l'histoire pour développer le germe.

Vous verrez bien que cet homme, qui est intelligent et libre, a un but idéal qu'il peut connaître, et que sa liberté doit atteindre. La marche vers le but, c'est l'histoire, et comme l'homme marche au but librement par le chemin qu'il veut, et s'en détourne s'il le veut, vous comprendrez qu'il est le roi du monde et en dirige sous l'œil de Dieu, la destinée.

Et aussitôt vous diviserez l'histoire en trois questions :

Premièrement : Où en sommes-nous, relativement au but ?

Secondement : Quelle route avons-nous parcourue ?

Troisièmement : Quel chemin nous reste-t-il à faire ? qu'est-ce que le passé nous apprend sur la marche de l'avenir ?

II

Notez que l'enseignement ordinaire de l'histoire ne traite jamais la première question. Je me suis souvent demandé pourquoi il n'y avait nulle part un cours d'histoire sur ce sujet : ÉTAT PRÉSENT DU GLOBE. C'est par là qu'il vous faut commencer dans votre seconde éducation. Il semble du reste qu'un homme religieux, aimant Dieu et ses frères, devrait toujours avoir l'image totale du globe présente à la pensée. Nous prions devant le crucifix. C'est justement ce qui convient. Mais la vraie croix n'est pas isolée de la terre : la vraie croix est plantée en terre ; le crucifix réel tient au globe ; la base, le pied du crucifix, c'est un globe arrosé du sang de Jésus-Christ. Ne faites jamais de ces deux choses qu'une seule image. C'est là la vraie, la belle, la complète image de piété. Regardez, contemplez cette terre, temple de Dieu, cette demeure commune de nos frères et de nos sœurs donnée de Dieu à ses enfants; et dites-vous : Où en sont-ils? Que deviennent-ils? Qu'est-ce que leur passé? Où sont leurs espérances? Priez alors pour eux, et rappelez-vous cette partie d'une prière catholique : « O père qui as « donné à tes enfants ce globe pour le culti- « ver, fais qu'ils n'aient qu'un cœur et qu'une « âme, de même qu'ils n'ont qu'une seule de- « meure. »

Ici encore vous pourrez recevoir l'esprit de l'histoire et l'amour de son plan providentiel.

Regardez donc et comparez, sur toute la terre, l'état présent des hommes, les circonscriptions naturelles dans le plan de la terre habitable, les races, les langues, les religions, l'état intellectuel et moral, l'état social et politique. Faites intervenir ici les grands résultats de la physiologie, de la philologie et de la symbolique comparées.

Vous ne tarderez pas à découvrir une race centrale et civilisatrice, enveloppée par le reste du genre humain, comme un noyau par son écorce, race blanche, géographiquement entourée d'hommes de toute couleur, dépositaire du culte d'un seul Dieu, entourée d'idolâtres ou même d'adorateurs explicites du mal ; dans cette race seule, la famille, c'est-à-dire l'élément social, constitué par l'unité du lien ; dans cette race seule, quelques traces de chasteté, c'est-à-dire de spiritualité, tempérant la fermentation maladive de la génération charnelle, et permettant à quelques hommes, en quelque chose, de devenir lumière et amour libre, afin de diriger le monde vers la justice, la vérité, la liberté, l'union ; partout ailleurs, l'humanité découronnée, dégradée par la sensualité débordante, et par l'intempérance sans frein ; partout ailleurs, l'humanité paralysée, écrasée dans l'un des deux côtés d'elle-même, l'un des deux sexes ; mais toujours la justice, l'intelligence, la science, la force, la dignité, la liberté, ou leur absence, proportionnées, dans chaque partie du genre humain, à la plus grande ou moindre participation de chaque peuple à la lumière et à la religion du noyau central et civilisateur.

Mais parmi les peuples même les plus rapprochés du modèle, quelle distance relativement à l'idéal! A part quelques héros, où en sont les meilleurs des hommes et les peuples les plus éclairés? Que savent-ils et comment vivent-ils? Chez qui Dieu règne-t-il? De quel peuple Dieu peut-il se servir aujourd'hui pour faire marcher l'histoire, et avancer le monde vers le but de sa volonté sainte?

Voilà quelques remarques sur la première question : Où en sommes-nous?

III

Entrez alors dans la seconde, et, sans jamais perdre de vue tout ce premier tableau, reprenez, toujours par voie de synchronisme, et d'histoire générale comparée, l'histoire distincte des races et des nations; toujours avec rapidité, en parcourant, aussi rapidement qu'il se pourra, chaque ligne, depuis son origine perceptible jusqu'à nos jours. Les revues de totalités peuvent seules instruire. Par là seulement, vous comprendrez ce qui retarde ou avance chaque nation et l'ensemble de l'humanité. Par là, vous verrez clairement où est le courant principal de l'histoire; où sont les eaux stagnantes. Vous verrez à quelle époque précise l'humanité a cessé de dormir comme un lac, lac exposé à se corrompre tout entier; à quelle époque précise s'est enfin écoulé du lac un fleuve d'eau vive et vivifiante, qui peut-être entraînera tout.

Vous suivrez facilement ensuite le chemin parcouru par le fleuve.

IV

Quant à la troisième des questions historiques, « quelle est la voie de l'avenir? » je crois qu'il vous sera utile de la poser et de la traiter. Ce n'est plus, si l'on veut, que de la philosophie de l'histoire. Soit. C'est précisément la science comparée que nous cherchons.

Dans cette question, il faut partir de ce principe, que l'homme est libre et que le genre humain finira comme il voudra. Il faut admettre, avec l'Écriture sainte, que « Dieu a « mis l'humanité et l'a laissée dans la main « de son propre conseil; que la vie et la mort « sont devant nous; qu'il nous sera donné ce « vers quoi nous tendrons la main. » D'après

cela, Herder avait raison de dire : « Tout ce
« qu'une nation ou une partie de l'humanité
« voudra sincèrement pour son bien lui sera
« donné. » Ce qui s'appuie encore sur la parole du Christ : « Si vous aviez la foi, rien ne
« vous serait impossible. »

Cela posé, nous devons croire qu'il est possible d'atteindre le but, et que si l'Église catholique dit : « O Père, qui as donné à tes en-
« fants ce globe pour le cultiver, fais qu'ils
« n'aient qu'un cœur et qu'une âme, de même
« qu'ils n'ont qu'une seule demeure ; » si cette
sublime parole est manifestement le but, nous
pouvons y atteindre, ou tout au moins en
approcher, autant que l'homme sur terre peut
approcher de la perfection. « Si on le voulait,
« dit saint Augustin, si l'on suivait les pré-
« ceptes de Dieu, la république terrestre fe-
« rait, par sa félicité, l'ornement de ce monde
« présent, et s'avancerait, en montant tou-
« jours, vers le royaume de la vie éter-
« nelle[1]. »

Voilà le but, l'idéal, le possible. Nous som-

---

[1] Cujus præcepta de justis probisque moribus si simul audirent atque curarent.., et terras vitæ præsentis ornaret sua felicitate respublica, et vitæ æternæ culmen beatissime regnatura conscenderet. (*De Civit. Dei*, lib. II, p. 72.)

mes libres d'y arriver. Mais y arriverons-nous, et par quelle voie, et quel serait, en ce cas, le plan de l'histoire future? C'est la question.

Et quelle question plus grande et plus pressante? C'est l'homme voyageur sur la terre qui se demande : Où est ma route? Où est « ce chemin de Dieu sur la terre [1] », qu'il faut connaître, et qui mène au but?

Vous comprenez que cette question est digne des plus sérieuses méditations d'une vie entière.

[1] Ut cognoscamus in terra viam tuam.

CHAPITRE XIII

LA MORALE.

A vrai dire, l'histoire n'est que la morale en action. Mais il faut ajouter un mot sur la morale considérée comme science.

Je viens de lire avec bonheur un livre intitulé : *Conscience et Science du devoir* [1].

Ce livre est un signe du temps.

Oui, nous sommes dans le siècle de la science comparée, et aussi dans cette époque du monde qui correspond à l'état d'esprit de Leibniz lorsqu'il disait : « Je n'ai traversé la « métaphysique et les sciences que pour « arriver à la morale. »

Et c'est l'état d'esprit où je me trouve moi-

[1] Par J. Oudot, professeur à la Faculté de droit de Paris.

même depuis bien des années. Aujourd'hui, je suis obligé d'avouer que j'ai horreur de la métaphysique abstraite, et de toute science qui ne se relie pas à la morale, à Dieu, au bien des hommes. Et je vois, avec une joie profonde, mon siècle en venir au même point.

La civilisation chrétienne, depuis trois cents ans, a créé ces sciences merveilleuses que traversa Leibniz, et qui changent aujourd'hui la figure du monde matériel; et maintenant, par l'histoire et la science sociale, développées surtout en notre siècle, l'esprit humain arrive à la morale, je dis à la morale considérée comme science, comme science très étendue, très féconde et très inconnue : science destinée à terminer la crise où l'Europe se débat depuis un siècle; science destinée à nous conduire à cet ordre nouveau dont Chateaubriand dit : « C'est sur la base du christianisme, « — c'est-à-dire de la morale universelle, — « que doit se reconstituer, après un siècle ou « deux, la vieille société qui se décompose à « présent. »

Tel est le temps où nous vivons. Et c'est un signe du temps que l'existence de plusieurs livres, tels que celui dont j'ai cité le titre, et d'un enseignement public aussi large et aussi

élevé que celui qui se donne dans plusieurs chaires de la Faculté de droit de Paris. C'est une grande joie, pour ceux qui connaissent *la courbe* qui suit notre siècle, d'entendre des discours où l'on recueille cette conclusion : « La jurisprudence est placée au
« point d'intersection où les données de tou-
« tes les autres sciences viennent converger,
« pour que la science du devoir les coor-
« donne. Le droit, qui doit diriger les nations,
« que peut-il sans les enseignements de la
« religion comme de la physiologie, de l'his-
« toire comme de l'économie politique ? Ce
« n'est pas une parole ambitieuse, c'est une
« vérité très certaine que cette antique défi-
« nition : *La science du devoir est la science*
« *d'ensemble des choses divines et des choses*
« *humaines*[1]. »

L'on comprend donc enfin que Droit, soit naturel, soit positif, Législation, Science gouvernementale, Politique, Économie politique, Science sociale et le reste, ne sont que des chapitres séparés d'une science unique et supérieure, qui n'est autre que la morale ou la science du devoir, et que cette science

[1] Oudot, t. II, p. 244.

ne saurait être séparée de la religion. Et l'on proteste enfin hautement contre la mutilation qu'on opère quand on prétend voir des sciences différentes dans les divers aspects d'une science unique [1].

Oui, mutilation ! Et de là les jugements si opposés que portent, sur la valeur et la tendance de plusieurs de ces sciences, des esprits qui devraient s'entendre. On m'assure, par exemple, que l'Économie politique est un fléau. Moi, je dis : C'est le salut des sociétés. Fléau, je le veux bien, pour ceux qui parlent d'économie politique séparée, mutilée ; mais moi qui crois devoir toujours, d'après le conseil des sages, considérer les choses et en parler *selon leur vérité* et non *selon leur vanité,* je vois, ou du moins je veux voir, les êtres et les idées, non dans leur essence isolée, mais dans leurs relations vivantes et nécessaires. Quand je dis *feuille d'arbre,* je n'entends pas feuille tombée, mais feuille tenant à l'arbre. Et quand je parle d'Économie politique, je parle de la science sociale et de la science sociale ramenée à la morale, et de la morale ramenée à la religion. Voilà donc ce

[1] *Conscience et science du devoir*, t. I, p. 358.

que l'on commence à comprendre. Et l'on comprend aussi, dès lors, que la *science* du devoir est aussi étendue, aussi riche, aussi capable de progrès, que la *conscience* du devoir est simple, universelle, primitive, antérieure à tout.

Science, c'est conscience éclairée, conscience qui veut et sait, qui, voulant la justice, connaît le point d'application où doit porter la force pour faire jaillir la justice triomphante, et atteindre le but, salut des hommes, des peuples et du genre humain.

L'effort pour pousser le monde à son but, voilà notre devoir. La lumière qui éclaire cet effort, voilà la science du devoir.

Ici, jeunes gens, est le grand point : connaître son devoir ! Savoir ce qu'en ce siècle même vous devez à votre patrie et au genre humain tout entier; ne pas seulement avoir au cœur le dévouement, l'héroïsme peut-être, qui est en vous; mais savoir comment doit s'appliquer la bonne volonté du devoir, savoir juger les illusions du but, les effets des milieux, des distances; connaître les faux mouvements des bonnes volontés ignorantes, les faux élans des héroïsmes subversifs qui tuent pour délivrer, qui écrasent pour sauver.

Il faut que si l'on donne son âme, sa vie, son enthousiasme, on sache du moins mener au but ces forces magnifiques avec la précision même de la science, qui mène au but l'emportement du feu, qui dirige sur des lignes tracées l'insaisissable éclair.

Vouloir et savoir, c'est pouvoir; vouloir ne suffit pas.

Oh! liguons-nous pour connaître le détail du devoir, ses voies utiles et véritables, en chaque temps, pour chaque âme, et surtout au temps où nous sommes. « Qu'il nous soit « donné de connaître la marche de Dieu sur « la terre, et son plan de salut pour tous les « peuples. *Ut cognoscamus in terrâ viam « tuam, in omnibus gentibus salutare tuum.* »

Je n'en dirai pas plus sur la morale, mais je travaille de tout cœur à vous offrir bientôt mon faible essai sur ce couronnement de la philosophie.

Quant aux rapports de la science du devoir, de toute la science sociale et de la théologie, je n'en dirai ici que ce seul mot, c'est que le grand progrès de science morale, de science sociale que j'aperçois, est l'aurore de ce retour à la théologie, enfin comprise, que j'attends et annonce.

CHAPITRE XIV

LA THÉOLOGIE.

On disait autrefois que la théologie est la reine des sciences, que la philosophie est sa servante.

Voici, je crois, la vérité sur ce sujet. Il y a, dit Pascal, trois mondes : le monde des corps, le monde des esprits, et un troisième monde qui est Dieu, qui est surnaturel, relativement aux deux premiers. Or, la philosophie est du second monde; elle doit régner sur le premier, et elle doit se soumettre au troisième, non pour s'anéantir, mais pour monter plus haut.

En d'autres termes, la philosophie est la science propre que porte et que possède l'esprit humain; c'est l'esprit humain développé. L'esprit humain développé doit pénétrer le monde des corps, en connaître les lois. Mais il doit, en même temps, se soumettre à Dieu, non plus seulement de cette soumission nécessaire à son développement propre, mais de cette autre soumission plus profonde qui développe en lui la lumière de Dieu même; qui, à la propre racine et à la propre substance de l'homme, ajoute les fruits dont Dieu est la racine et la substance.

Or, l'esprit humain est capable du développement qui vient de Dieu, comme un arbre est capable de greffe,

Et peut porter des fruits qui ne sont pas les siens.

Ces fruits nouveaux détruisent-ils le vieil arbre? Ils l'honorent et le glorifient. Lui enlèvent-ils sa sève? Non; mais ils donnent à cette sève qui demeurait stérile, un cours glorieux. C'est ainsi que la science divine ne détruit pas la science humaine, mais l'illumine.

Or, la théologie, c'est la philosophie greffée. Et cette greffe, c'est l'esprit de Dieu même enté sur l'esprit humain. Et cette donnée nouvelle est et doit être surnaturelle, c'est-à-dire d'une autre nature que l'esprit humain même, infinie en présence de lui qui est fini, quoique indéfiniment grandissant.

Je n'explique pas ici le mystère de la greffe, ni pour le monde des corps, ni pour le monde des esprits. Je n'entends pas du reste, prouver ici ces assertions, je veux seulement vous donner des conseils pour l'étude de la théologie et vous y exhorter.

Remarquez d'abord que la théologie catholique, indépendamment de tout ce qu'enseigne la foi chrétienne, est manifestement, et ne peut pas ne pas être le plus grand monument, sans nulle comparaison, qu'ait élevé l'esprit humain. Je dis qu'outre la lumière divine, surnaturelle, dont, selon nous, la théologie est remplie, cette théologie est et ne peut pas ne pas être le plus immense faisceau de lumière humaine que les hommes aient jamais formé.

Voyez le fait. Quels sont les grands théologiens? — Je ne parle pas de saint Paul. — Nos deux plus grands théologiens sont saint Augustin et saint Thomas d'Aquin. Le troisième est très difficile à nommer. Il y en a vingt, vraiment grands et profonds, et dont le plus glorieux n'est pas, comme théologien, le plus grand. Mais enfin, pour les hommes de lettres, mettons Bossuet. Voici donc saint Augustin, saint Thomas et Bossuet. Or, je vous prie, ne voyez-vous pas que saint Augustin renferme tout Platon, mais Platon précisé et encore agrandi? Me direz-vous que saint Thomas d'Aquin ne contient pas en lui tout Aristote, mais Aristote élevé de terre, lumineux et non plus ténébreux? Me direz-vous que Leibniz n'est pas d'accord avec Bossuet? Prétendrez-vous que Descartes tout entier n'a pas nourri Bossuet, et n'ait passé dans son génie? Voici donc, dans nos trois grands théologiens, un faisceau composé des principaux génies du premier ordre. Citez un homme vraiment considérable qui pense dans un autre sens, et qui ait une autre lumière, un autre soleil de vérité que cette société de génies !

L'autorité d'un homme du premier ordre est grande assurément. Mais qu'est-ce que l'autorité de plusieurs hommes de premier ordre, je dis plus, l'autorité de tous les hommes du premier ordre, parlant à l'unisson? Or, saint Augustin, saint Thomas d'Aquin et Bossuet parlent à l'unisson; ceux qu'ils impliquent en eux parlent de même; tout ce qui, dans Platon, dans Aristote, dans Leibniz et Descartes, n'entre pas dans cet unisson que forment les trois autres, qui sont théologiens, tient de l'erreur, de l'accident, et ne saurait compter. Ce sont des fautes, comme les plus grands hommes en commettent.

Mais est-ce là toute l'autorité humaine de la théologie ? Je n'en ai dit que la moindre partie. La théologie, toujours considérée seulement dans son côté humain, est la seule science, ceci est capital, que le genre humain ait travaillé en commun. Tout ce que le père des hommes, sorti des mains de Dieu, et ses premiers enfants ont livré à la mémoire du genre humain et à la tradition universelle ; tout ce que les prophètes et les vrais fils de Dieu, dans tous les temps, ont pu voir et recevoir de Dieu ; tout ce que les apôtres du Christ, les martyrs et les Pères ont compris ; tout ce que les méditations des solitaires, qui n'aimèrent que la vérité, ont mystérieusement excité dans l'esprit humain ; tout ce que les grands ordres religieux, travaillant en commun, comparant, débattant sans cesse leurs travaux, ont développé et précisé ; tout ce que les conciles généraux, les premières assemblées universelles qu'ait vues le monde, ont défini ; tout ce que les erreurs, mises à jour, reconnues et jugées à leurs fruits, dans l'importante histoire des sectes, nous ont ôté d'incertitudes ; tout ce que les saints et les saintes, ces sources vives de pure lumière, ont inspiré, sans écrire ni parler : tout cela mis en un, voilà la théologie catholique. Vous le comprenez maintenant, c'est la seule science que l'esprit humain ait enfantée d'ensemble. Les grandes œuvres philosophiques sont des œuvres de grandeur isolée; l'œuvre théologique est un mouvement de totalité du vaste cœur et de l'immense esprit humain. De plus, s'il est vrai, comme on n'en peut douter, que là où les esprits s'unissent, là se trouve Dieu, il s'ensuit que la théologie catholique est l'œuvre universelle et la voix unanime des hommes qui ont été unis entre eux et avec Dieu. C'est pourquoi je répète, parce que je l'ai prouvé, que la théologie catholique est et ne peut pas être autre chose que le plus grand monument qu'ait élevé l'esprit humain, et le plus grand faisceau de lumière qu'il y ait en ce monde.

Et maintenant, comment expliquez-vous qu'un homme qui cherche la vérité ne fasse pas sa première étude de cette science-là?

Voilà pourquoi, si vous avez compris ce qui précède, et si vous voulez travailler à relever l'esprit humain vers la lumière, vous étudierez la théologie catholique, toujours.

Voici comment vous procéderez.

Vous commencerez par apprendre par cœur, et mot pour mot, le Tout, comme l'enfant apprend ses prières.

Ce monument incomparable de la théologie a un plan simple et facile à connaître. Cet immense faisceau de lumière se réduit à un petit nombre de vérités, peut-être à trois, et à une. Mais, sans remonter si haut vers l'unité divine de cette lumière, il se trouve que toute la théologie catholique est formulée en un petit nombre de propositions dogmatiques qu'on nomme articles de foi, auxquelles les théologiens en ajoutent d'autres qui, sans être articles de foi, sont tenues pour certaines, comme dérivant rigoureusement des articles de foi.

Toutes ces propositions peuvent être, et, de fait, ont été imprimées en huit pages.

Je demande comment il se fait que tout homme instruit ne les sache pas par cœur littéralement[1].

Si vous êtes chrétiens, voilà le détail de votre foi; si vous n'êtes pas chrétiens, voilà

---

[1] Nous avons réuni les textes, ou du moins les propositions de foi, en latin et en français, dans un appendice à la fin de notre *Traité de la connaissance de Dieu*.

cette grande croyance chrétienne, la seule qui ait chance d'être vraie, et qu'il vous faut connaître, pour savoir si vous y viendrez. Si vous êtes ennemi, décidé à combattre le christianisme, prenez la peine de le connaître, du moins dans son énoncé. Vos coups porteront moins à faux.

Vous prendrez donc une Théologie élémentaire quelconque, vulgaire, enseignée dans les Séminaires. Je vous recommande celle de Perrone, qui est récente, très répandue, qui vient de Rome. Vous ouvrirez la table des matières, qui a été imprimée en huit pages, et qui n'est autre chose que la suite des théorèmes théologiques, articles de foi ou autres. Vous apprendrez par cœur ces théorèmes, et vous connaîtrez l'énoncé complet, authentique, officiel du dogme catholique[1].

De plus, vous aurez sous la main un Bossuet, un Thomassin, un saint Thomas d'Aquin et un saint Augustin; et, en outre, le Dictionnaire théologique de Bergier, en un volume.

Vous vous attacherez à saint Thomas d'Aquin avant tout autre. Vous n'oublierez pas

[1] Notre Appendice renferme les propositions de Perrone, et, en outre, quelques-uns des textes évangéliques qui appuient les théorèmes théologiques.

qu'au dernier concile général, à Trente, il y avait sur le bureau de l'assemblée, à droite du crucifix, la Bible; à gauche, la Somme de saint Thomas d'Aquin.

Quant à la Bible, il est bien entendu que vous la lirez chaque jour; que vous lirez et pratiquerez l'Évangile, source vive et principale de toute lumière.

Mais, pour revenir à saint Thomas d'Aquin, c'est véritablement l'ange de l'école et le prince des théologiens. Égal, au moins, à Aristote comme métaphysicien et logicien; nullement contraire à Platon, ce qui serait un défaut capital; plein de saint Augustin, et impliquant, dès lors, ce que Platon a dit de vrai ; du reste, n'ayant pas tant les idées mêmes que les forces de ces génies, saint Thomas d'Aquin, dans sa Somme, saisit, résume, pénètre, ordonne, compare, explique, prouve et défend, par la raison, par la tradition, par toute la science possible, acquise ou devinée, les articles de la foi catholique dans leurs derniers détails, avec une précision, une lumière, un bonheur, une force, qui poussent sur presque toutes les questions le vrai jusqu'au sublime. Oui, on sent presque partout, si je puis m'exprimer ainsi, le germe du sublime frémir sous ses brèves et puissantes formules, où le génie, inspiré de Dieu, fixe la vérité.

Saint Thomas d'Aquin est inconnu de nous, parce qu'il est trop grand. Son livre, comme l'eût dit Homère, est un de ces quartiers de roc que dix hommes de nos jours ne pourraient soulever. Comment notre esprit, habitué aux délayures du style contemporain, se ferait-il à la densité métallique du style de saint Thomas d'Aquin ?

L'ignorance même de la langue, de la typographie et de la forme extérieure dans la distribution des matières, nous arrête au seuil de la Somme de saint Thomas d'Aquin. Je sais un homme instruit, très occupé de philosophie et de théologie, qui, ayant ouvert un jour la Somme, ne tarda pas à refermer le livre avec dégoût. Et pourquoi ? Parce qu'il avait pris pour l'énoncé des thèses de saint Thomas l'énoncé des erreurs qu'il réfute. Cet homme vécut un an sur ce préjugé.

Lisez l'*Index tertius* de la Somme, pour connaître d'un coup d'œil les énoncés du grand Docteur sur chaque question. Il faut consulter cet *Index* sur toute question ; il en faut retenir, mot pour mot, beaucoup de formules.

Pour ce qui est de Thomassin, c'est un génie tout différent ; génie aussi, non du même ordre, et non moins inconnu. Thomassin, contemporain de Bossuet, a écrit en latin ses *Dogmes théologiques*, qu'on pourrait appeler *Medulla Patrum*. Le tiers au moins de ces trois in-folio ne consiste qu'en citations des Pères, grecs et latins, souvent aussi des philosophes, le tout lié et cimenté par le génie qui pénètre et possède ce qu'il prend, agrandit ce qu'il touche, multiplie la valeur de ce qu'il emprunte, en groupant sous une lumière unique les précieuses parcelles qu'il recueille : tout cela dans un latin plein de verve, d'originalité, d'exubérante richesse.

Je n'ai rien à dire de Bossuet ni de saint Augustin. Pratiquez beaucoup la table des matières du second, merveilleux travail des bénédictins.

Quant à Bergier, c'est un Dictionnaire convenable, judicieux, ne manquant pas d'autorité.

Enfin ces livres seuls ne suffisent pas. Il vous faut un enseignement théologique oral, par un théologien de profession, enseignant dans les séminaires. Rien ne supplée à l'enseignement oral de la théologie. Dix années d'études solitaires vous laisseraient des traces notables d'ignorance.

Or, je crois pouvoir vous assurer que quand vous aurez commencé à comprendre la théologie catholique, vous serez profondément étonné de l'ignorance et de l'aveuglement de notre siècle à l'égard de ce foyer de lumière, auquel aucune autre lumière dans le monde ne saurait être comparée. Il vous semblera que depuis cent cinquante ans l'Europe est dans une nuit polaire, et que le soleil des esprits est caché derrière notre horizon trop détourné de Dieu, et derrière les sommets glacés de nos sciences froides.

Vous comprendrez que l'alliance dont on parle entre la philosophie et la théologie, alliance que les philosophes purs ne comprennent pas et ne peuvent pas exécuter, par cela même qu'ils ne sont que purs philosophes, est singulièrement avancée du côté des théologiens, qui, étant à la fois théologiens et philosophes, philosophes toujours plus complets, plus exacts, plus profonds, plus élevés que les philosophes purs, ont mission et capacité pour entreprendre et conclure l'alliance.

Vous verrez aussi que la théologie catholique, inspirée par le Christ, qui est Dieu, implique réellement toutes les sciences. Ce n'est pas nous qui les en déduirons, je le sais, et je sais que la prétention de tout déduire du dogme a été une source d'erreurs. Mais, à mesure que les sciences se forment par leur propre méthode et leurs propres principes, ce sont des concordances et des consonnances merveilleuses avec la science de Dieu. Vous comprendrez que, comme le dit Pascal[1], la « religion doit être tellement l'objet et le cen« tre où toutes choses tendent, que, qui en « saura les principes, puisse rendre raison, et « de toute la nature de l'homme en particu« lier et de toute la conduite du monde en gé-. « néral. »

Vous verrez peut-être aussi que, par le fait, la théologie catholique a directement inspiré tout le grand mouvement scientifique moderne, créé par le dix-septième siècle. Vous partagerez ma surprise et ma joie quand vous verrez se vérifier historiquement ce qui, *a priori*, doit être, savoir : que les saints produisent, ou sont eux-mêmes, les grands théologiens mystiques; que les grands théologiens mystiques produisent les dogmatiques profonds et

---

[1] *Pensées*, t. I, p. 216. (Œuvres complètes.)

les vrais philosophes ; que tous ensemble produisent les savants créateurs, même en physique et en mathématiques ; comme par exemple, lorsqu'on voit les grands saints et théologiens mystiques du commencement du dix-septième siècle creuser plus profondément que jamais le mystère du rapport de Dieu à l'homme ; le livrer à la pensée philosophique sous la forme du rapport métaphysique du fini à l'infini ; faire poindre dans une foule d'écrits ascétiques de surprenantes formules sur l'infini, le fini, le néant[1] ; susciter chez Kepler, chez Pascal[2], et bien d'autres, les principes implicites, souvent même assez explicites, du calcul infinitésimal ; inspirer enfin à Leibniz son livre de *Scientia infiniti,* dont le calcul infinitésimal, qui est le levier universel des sciences, est un chapitre ; chapitre qui, ramené et comparé à la philosophie dont il vient, achèvera d'organiser cette reine des sciences.

[1] Par exemple, les écrits de Olier ; la *Vie du P. de Condren,* par le P. Amelote.
[2] *Pensées,* Ire partie, art. 2.

CONCLUSION

Concluons tout ce livre.

Ce livre ne s'adresse qu'aux rares esprits qui aiment et cherchent la sagesse, et aux courages qui sacrifient tout à la justice et à la vérité.

Établir du silence dans son âme pour écouter en soi Dieu qui parle dans tous les hommes, surtout en ceux qui aiment la vérité; se dégager de ses passions, et se tenir au-dessus de son siècle pour être plus près de Dieu et du cœur de l'humanité; fuir la méditation oisive et l'illusion des contemplations paresseuses, en fixant par la plume les vérités qui se déploient dans l'âme, sous le souffle de

Dieu, quand elle est pure et en repos; discipliner son corps, le pénétrer, le rapporter, comme un instrument, à son esprit et à son âme, pour que l'homme tout entier soit uni dans son œuvre; consacrer à la vérité tout son temps, aussi bien que l'homme tout entier, âme et corps; consacrer la journée entière, et ne pas mépriser la nuit même ni le sommeil; consacrer le sommeil en consacrant le soir; préparer au sommeil sa tâche, et le faire travailler; fuir la dissipation qui interrompt l'esprit et qui l'éteint, pour trouver le repos qui le recueille et le féconde; pratiquer, dans la continuité de l'adoration intérieure, ce que pratiquent les germes, qui croissent et qui grandissent, soit que l'on veille ou que l'on dorme : parvenir à la vraie prière, où la voix infaillible de Dieu se fait entendre; où le contact de Dieu nous est donné, et où s'accomplit le mystère du rapport substantiel et vivant de l'âme à Dieu; puiser dans cette union à Dieu l'inspiration réelle, c'est-à-dire la résolution de devenir un ouvrier dans la moisson de Dieu; recevoir, dans cette inspiration et cette résolution, la connaissance des plaies de son âme et des souffrances du monde, la compassion pour ces souffrances et pour ces plaies, la force, la volonté de travailler à les guérir; voir et juger, dans cette lumière, la crise du présent siècle, qui est la question du Seigneur; pensez-vous que le Fils de l'Homme trouve encore de la foi sur la terre? Apprendre ce que Dieu veut du cœur humain et de l'esprit humain, et ce qu'il en exige pour leur donner ou leur laisser la foi; rentrer dans la voie, manifestement droite, du dernier grand siècle, qui allait à Dieu par la sainteté et par la science, et unissait, fécondait, ou pour mieux dire, créait les sciences dans la lumière de Dieu; reprendre le faisceau, trop longtemps brisé, des grandes lignes de l'esprit humain; créer ainsi cette science comparée qui sera celle du prochain grand siècle; remonter de chaque ligne de la science au centre de la comparaison; y trouver Dieu partout, et sa lumière vivante et régénératrice; faire redescendre cette lumière dans tous les canaux de la science, dans toutes les fibres de l'esprit; délivrer, réchauffer les cœurs par cet influx nouveau; et relever enfin, par une éducation plus lumineuse, les générations à venir : tel est l'ensemble des conseils qu'il faut donner, et du but qu'il faut proposer à celui qui veut être aujourd'hui disciple de Dieu.

Comprenez maintenant l'unité théorique, et le sens proprement scientifique de tout ceci.

Nous avons démontré ailleurs que le souverain procédé de la raison, celui qui donne la science, est un procédé qui mène, à partir de toute chose, à l'infini, à Dieu ; et que ce procédé donne la science, précisément en tant qu'il mène à Dieu et aux idées éternelles qui sont Dieu. Vous avez compris que ce ne sont pas là seulement de poétiques assertions, mais bien des vérités logiques précises et scientifiquement établies.

Mais ce procédé mène à Dieu, nous l'avons encore démontré, parce qu'il part de Dieu, c'est-à-dire du sens divin en nous, et d'un degré quelconque de foi en l'objet infini de ce sens ; et il y mène, en se servant de choses finies, l'âme et la nature, comme signes et comme images, pour expliquer ce sens obscur de l'infini que Dieu nous donne par son contact.

Donc la méthode pratique, pour aller à la science, consistera d'abord à développer en soi le sens divin ; en second lieu, à connaître son âme, à connaître la nature et ses lois, —

ce qui renferme toutes les sciences partielles, — puis à remonter toujours, de notre âme, de tout état de l'âme, et de toute science partielle et de toute impression, jusqu'aux idées de Dieu et jusqu'au cœur de Dieu.

Oui, ceci est la méthode pratique pour arriver à la lumière : rappeler l'esprit à lui-même; unir son esprit à son cœur, son cœur à Dieu; et tout ramener, sans rien confondre, à cette unité intérieure qui est notre âme et Dieu.

Et l'homme arrivé là connaît la vie. Il sent et voit qu'aimer Dieu par-dessus toutes choses, aimer tous les hommes comme soi-même, donner son cœur, son âme, son esprit et ses forces pour rendre les hommes meilleurs et plus heureux, c'est la vie, c'est la loi, c'est le bonheur, la justice et la vérité.

FIN DES SOURCES.

DISCOURS

SUR LE

DEVOIR INTELLECTUEL DES CHRÉTIENS

AU XIXᵉ SIÈCLE

ET SUR LA MISSION

DES PRÊTRES DE L'ORATOIRE

Messieurs,

Je veux vous exhorter à la pratique intellectuelle de l'Évangile.

L'Évangile, vous le savez, commence par le mot Pénitence, et finit par le sacrifice de la Croix. Pénitence, transformation, régénération, passage à Dieu et à l'amour par l'anéantissement de l'égoïsme : vie nouvelle par la pénitence, c'est-à-dire par le sacrifice de la croix, tout cela c'est même chose.

Contemplons donc aujourd'hui la lumière de cette croix du Christ, sinon d'aussi près que saint Jean et la Vierge, du moins comme ce groupe de femmes dont il est dit : « qu'elles « regardaient de loin ». Contemplons le plan général de l'histoire de la Croix.

Qu'a produit la Croix dans ce monde ? Quel est le fruit de son premier triomphe ? Quels sont les dangers qui menacent aujourd'hui son règne ? Quelles sont les ressources que les fils de la Croix peuvent opposer à ces dangers ? Et quels sont dans cette lutte nos devoirs, à nous Prêtres de l'Oratoire qui vous parlons, à vous nos auditeurs ou nos amis ?

I

Voici donc Jésus-Christ en croix. Voici le signe et l'instrument du sacrifice planté, comme un arbre de vie, sur le globe. Le régénérateur ici pratique, par son sang qui coule, l'amour de Dieu et de ses frères jusqu'au sacrifice de soi-même. C'est là la nouvelle loi, c'est là l'alliance nouvelle de la créature avec Dieu. « Je vous donne un com- « mandement nouveau, » a-t-il dit : « Aimez-

« vous comme je vous ai aimés. » Et parlant de ce sang que nous voyons couler, il a dit : « C'est le sang de la nouvelle et éternelle « alliance. » Ce sang qui se répand sur terre est la semence d'une humanité nouvelle, humanité dont le signe et le caractère, la loi et la vie est et doit être l'amour de Dieu et des hommes jusqu'au mépris de soi. Il faut que cette humanité nouvelle croisse et se multiplie et qu'elle remplisse la terre. Mais la terre est couverte par les hommes du vieux monde dont le signe et le caractère, la loi et la vie est au contraire l'amour de soi jusqu'au mépris du genre humain et au mépris de Dieu. Ce vieux monde se défend dès qu'il comprend le sens de la vie nouvelle, qui est l'absolue opposition à la vieille vie; il entre en lutte, et pendant trois siècles, il extermine par le fer et le feu l'humanité régénérée. Mais la création supérieure se défend à son tour par la vertu de Dieu. Elle laisse couler son sang pour ensemencer la terre plus largement; et, après trois siècles de lutte, l'humanité sacrifiée triomphe de l'humanité qui tue. Les victimes ont vaincu la force. La force passe aux chrétiens. César, roi du vieux monde, est chrétien : il voit la croix dans le ciel, signe de la force et de la victoire. La croix est une première fois glorifiée ; elle monte sur la couronne des empereurs.

Dès ce moment, pendant quinze siècles de paix relative, voici ce qu'opère la croix. Elle engendre en effet une autre humanité, qui aujourd'hui est maîtresse du globe. Les peuples chrétiens sont rois de la terre entière, sans résistance possible de la part du vieux monde. La croix a donné la force et l'empire à ceux qui l'ont reçue. Elle absorbe la barbarie, elle retourne le paganisme, elle produit le miracle des sociétés nouvelles ; elle régénère l'élément social, la famille, selon sa légitime et primitive institution. Elle rend possible la liberté sans esclavage, sans anarchie, et l'unité sans tyrannie. Elle sème, sur les peuples, ce sel évangélique dont le Sauveur a dit : « Vous, vous êtes le sel de la terre ; » c'est-à-dire qu'elle produit le miracle des légions angéliques, qui par le sacrifice complet, par la virginité, sont, avec et après Jésus-Christ, la force qui élève la terre vers le ciel. Une intelligence plus haute est donnée aux peuples modernes avec des mœurs plus élevées. L'esprit humain régénéré contemple la nature d'un œil plus pur, plus pénétrant. Il s'en rend maître et la domine et la dirige : il saisit et gouverne les forces physiques inconnues aux anciens; il triomphe de l'espace et du temps; il parcourt son domaine avec la vitesse même du vent; sa pensée traverse le globe avec la vitesse même de la lumière.

Tel est le premier triomphe de la croix, après la première lutte.

II

Mais quels sont aujourd'hui les dangers qui menacent ce règne de la croix?

Les chrétiens sont maîtres du monde. Mais les chrétiens sont divisés. Le vieux monde ne peut rien contre eux. Il ne peut rien qu'avec eux et par eux, et en les divisant. Or, Dieu a permis que l'esprit du vieux monde pénétrât au milieu des chrétiens pour une épreuve nouvelle. L'esprit qui nie le sacrifice, qui l'abolit et le retourne, l'esprit de la cité du mal où chacun doit s'aimer contre tous et contre Dieu même, l'esprit païen a relevé la tête et trouvé des adorateurs. Dieu a permis que l'esprit ancien divisât son peuple, comme autrefois il avait permis que son peuple, maître de la terre promise, fût divisé. Dix tribus se séparaient alors de Jérusalem et du temple, et, abolissant le sacrifice, elles adoraient Astarté, Baal et le Veau d'or : Astarté, déesse de la volupté, adorée comme souverain Bien ; Baal, dieu du soleil, lumière créée, adorée comme lumière incréée, et l'Or, instrument de l'orgueil et de la volupté. Après mille ans de christianisme, la moitié du peuple chrétien, trop attachée à l'esprit du vieux monde, à sa sagesse philosophique et politique, et incapable du grand sacrifice de la virginité, s'est séparée du monde nouveau, mais sans abolition formelle du sacrifice. — Schisme oriental. — Et, depuis trois cents ans, voici le Protestantisme, et le philosophisme du dix-huitième siècle, et le sophisme contemporain, triple effort de l'esprit du vieux monde pour abolir le sacrifice !

Qu'est-ce en effet que cet esprit manifesté sous ces trois formes, esprit que les aveugles appellent esprit nouveau, quoiqu'il soit au contraire l'antique esprit païen luttant contre l'esprit nouveau? Qu'est-ce que le protestantisme? Le protestantisme est par essence et précisément l'abolition du sacrifice. Abolir la réalité du saint sacrifice quotidien, pour n'en plus faire qu'un pâle et stérile souvenir; abolir le terrible et réel sacrifice de toutes les forces de l'homme par la virginité; abolir la mortification, l'abstinence et le jeûne; abolir la nécessité des bonnes œuvres, l'effort, la lutte et la vertu; renfermer en un mot le sacrifice en Jésus seul, sans le laisser passer à nous; ne plus dire comme saint Paul : « Je souffre ce qui reste « à souffrir des souffrances du Sauveur. » Mais dire à Jésus crucifié : « Souffrez seul, ô « Seigneur! » voilà le protestantisme!

Oui, dire à Jésus crucifié : « Souffrez seul, « ô Seigneur! » voilà, non pas certes dans la pratique des individus, mais dans l'essence même de son dogme, voilà précisément la racine de tout le protestantisme. C'est un effort pour renverser la croix, pour l'arracher de terre, et dispenser chaque homme de la porter, sans pourtant en nier l'idée, puisque la croix de Jésus-Christ est manifestement tout l'Évangile, et que le peuple protestant se dit chrétien.

Mais la secte philosophique, qui s'élève au dix-huitième siècle, va plus loin. Elle s'attaque à l'idéal même du sacrifice; elle s'attaque à

Jésus-Christ même; elle prétend l'écraser, et purger l'univers entier de toute trace et de toute idée de la croix, de toute pensée du sacrifice. Qu'est-ce qu'on sacrifie, lorsque l'on sacrifie? On sacrifie la volupté, l'orgueil et l'égoïsme. Mais c'est précisément ce qu'on entend sauver, ce qu'on prétend adorer quand on retourne à l'esprit païen; et l'on reprend avec le vieux culte, le culte de soi, le culte de l'orgueil et de la volupté. On adore de nouveau Astarté, déesse de la joie sensuelle, et Baal, lumière créée, raison humaine que l'on fait Dieu, et l'Or, dieu de toutes les passions, maître de tout.

Mais les sophistes du dix-neuvième siècle poussent à bout cette doctrine. Leur unique et continuel ennemi, c'est la croix. Abolir absolument toute idée et toute trace de la croix et du sacrifice, tout frein, toute autorité, toute subordination de l'homme à Dieu, toute loi, toute discipline, toute conscience, toute distinction du bien et du mal, c'est le but et l'idée[1].

[1] Dans la *Revue des Deux-Mondes* du 15 février 1861, dans un article sur l'Hégélianisme, l'auteur déclare qu'il veut dégager du système hégélien, qui est mort, « sa pensée vivante et éternelle... ses « éléments permanents... les pensées élevées et

Pourquoi? Précisément parce que l'homme est dieu, disent-ils. Si l'homme est dieu, toute possibilité, tout prétexte de sacrifice se trouve anéanti.

Chrétiens, voilà l'ennemi. Voilà son plan : abolition du sacrifice, renversement de la croix du Sauveur. Or, quelle est aujourd'hui la force, la position de l'ennemi? Le voici :

Il y a aujourd'hui une force qui règne sur

« profondes que nous lui devons... les deux ou trois
« idées que l'humanité s'est appropriées... et qui
« suffisent à la gloire du philosophe et à celle du
« pays et du siècle qui l'ont vu naître... » Cela dit,
voici ce qu'il trouve :
« La découverte du caractère relatif des vérités, qui
« est le fait capital de l'histoire de la pensée contem-
« poraine... Les jugements absolus sont faux... Au-
« jourd'hui, rien n'est plus pour nous vérité ni erreur,
« il faut inventer d'autres mots... *Nous admettons*
« *jusqu'à l'identité des contraires.* Nous ne connais-
« sons plus la religion, mais des religions : *plus de*
« *morale, mais des mœurs; plus de principes, mais*
« *des faits.* Nous expliquons tout, et, comme on l'a
« dit, l'esprit finit par approuver tout ce qu'il expli-
« que. La vertu moderne se résume dans la tolé-
« rance... La morale, qui est l'abstrait et l'absolu,
« trouve mal son compte à cette indulgence... Les
« caractères s'affaissent pendant que les esprits
« s'étendent et s'assouplissent. »

Tout cela repose « sur ce principe qui s'est em-
« paré avec force de l'esprit moderne, et qui peut
« être ramené à l'Hégélianisme : je veux parler du
« *principe en vertu duquel une assertion n'est pas*
« *plus vraie que l'assertion opposée.* »

Ainsi parlent ceux qui se croient les vrais repré-
sentants de la pensée contemporaine.

le monde. Il y a un gouvernail du globe. Ce n'est plus comme autrefois César. César n'est plus que la seconde des forces. Voici en effet la première, et Dieu en soit loué : c'est la parole publique, fixée pour tous les temps, multipliée pour tous les lieux par l'imprimerie.

Or, aux mains de qui est aujourd'hui cette force? Évidemment, elle est aux mains de l'ennemi depuis un siècle. Le peuple chrétien, l'humanité nouvelle est accidentellement gouvernée par l'esprit du vieux monde. La civilisation chrétienne se trouve aujourd'hui dans l'état où se trouvait le peuple de Dieu sous le règne de Jézabel et d'Athalie. Jézabel massacrait les prophètes, abolissait le sacrifice dans Israël, c'est-à-dire dans la partie schismatique du peuple de Dieu. C'est ce qu'ont fait les hérésies.

Mais bientôt, au sein même de Juda, voici la fille de Jézabel, Athalie, qui règne sur Jérusalem, qui opprime le temple de Dieu, et travaille à l'abolition générale du sacrifice sur toute cette terre que Dieu avait donnée aux enfants d'Abraham. Tel paraît le philosophisme du dix-huitième siècle, et il n'est pas moins heureux qu'Athalie. Seulement, comme elle, il a aussi déjà eu son rêve, où il n'a plus trouvé

...Qu'un horrible mélange
D'os et de chairs meurtris, et traînés dans la fange.

Mais cependant il règne encore. Il a un fils plus mauvais que lui, et qui prétend non plus seulement abolir le sacrifice, mais le retourner; au lieu de sacrifier la nature à Dieu, sacrifier Dieu à la nature ; ne plus se séparer de Dieu, mais l'attaquer; ne plus seulement vider notre raison de toute donnée divine, mais adorer comme Dieu notre raison; ne plus seulement l'isoler du ciel, mais la retourner vers l'enfer. Je ne veux pas insister ici sur ce mystère de mort. J'en ai parlé ; j'en parlerai souvent.

Ce que je vois, c'est qu'Athalie et Jézabel sont sur le trône. Elles tiennent le gouvernail. La parole publique, fixée pour tous les temps, multipliée pour tous les lieux par l'imprimerie, cette irrésistible puissance est dans leurs mains. Dieu l'a permis. Armées de cette grande force, elles ruinent le christianisme. Où sont les chrétiens fidèles? Où sont les hommes qui représentent les sept mille hommes qui n'avaient point fléchi le genou devant Baal? Ils existent assurément et plus nombreux que les sept mille. Mais sur ces trois cent millions d'hommes qui portent le nom de chrétien, en est-il sept millions qui pratiquent? Mettez à part les schismatiques, les hérétiques, les incrédules et les indifférents, que reste-t-il? A Paris, il n'y a pas aujourd'hui un vingtième de la population qui suive Dieu et sa loi. Si donc, dans l'ensemble du monde chrétien, l'on compte un homme sur cent qui n'ait pas fléchi le genou devant l'ennemi, qui adore Dieu et suive sa loi, c'est beaucoup.

Voilà la position de l'ennemi et sa force : voilà le danger qui menace la croix.

III

Eh bien ! ce serait avoir peu de foi que de perdre courage à la vue de la force ennemie et du danger. Vous allez voir si nous n'avons pas de ressources. Seulement vous devrez comprendre qu'il ne faudrait pas dormir plus longtemps.

Sous Tibère et Dioclétien, il y avait une ressource, savoir : les catacombes et dans les catacombes la croix. Et la croix a en effet vaincu. Sous Athalie, il y avait une ressource, le temple, et dans le temple Joas et Joiada ; l'héritier légitime et le prêtre de Dieu. Il en est de même aujourd'hui. En présence de l'irrésistible pouvoir qui nous domine, il y a le temple de Dieu, l'Église catholique et les ministres de Jésus-Christ, et la croix, légitime héritière du trône. Oui, le sceptre et le trône, c'est la parole publique, fixée pour tous les temps, multipliée pour tous les lieux par la presse. Or, la croix est l'héritière de ce trône et de ce sceptre. Elle s'élèvera sur ce trône, comme elle s'est élevée sur la couronne de Constantin.

Dieu veut que l'humanité nouvelle, après avoir triomphé de la force et de César par le martyre ; après avoir régné d'un certain règne bien imparfait encore, mais pourtant très fécond, pendant quinze siècles, triomphe des nouveaux maîtres du monde, et commence un second règne moins imparfait et mille fois plus fécond que le premier.

Mais quels sont les maîtres du monde? des idées, des doctrines, des esprits. Nous avons donc maintenant à dire avec saint Paul : « No-« tre lutte n'est plus contre la chair et le sang, « elle est contre les forces intellectuelles du « mal... contre les rois de ces ténèbres qui

« nous enveloppent. » Il nous faut conquérir le monde une seconde fois, non plus seulement ni surtout par le sang, mais par l'intelligence, par l'intelligence appuyée sur la croix comme le sang des martyrs lui-même tirait de la croix seule toute sa vertu.

C'est au nom de la science, de la raison, de la philosophie que l'on nous écrase par la presse depuis un siècle, et que le venin de la science perverse, de la philosophie menteuse atteint jusqu'aux extrémités du monde les lettrés et les illettrés, les esprits sans défense, et tous les commençants de la raison, plus faciles encore à surprendre que les enfants. Or, c'est sur ce point même que Dieu, nous l'espérons, prépare un éclatant triomphe. Il prépare une manifestation de lumière chrétienne, de science et de raison chrétienne, de sagesse catholique, laquelle certainement éclipsera ces ténébreuses lueurs qui nous séduisent et nous égarent. Voici comment :

Dieu inspire aux siens, en ce siècle, et bientôt depuis cinquante ans, l'idée d'une science d'ensemble, d'un enseignement encyclopédique, éclairé tout entier par la croix.

Rattacher tout à Jésus-Christ, les lettres, les sciences, les arts, la philosophie et l'histoire, et le droit et les lois, c'est une pensée qui fermente dans l'Église. C'est le mot de saint Paul appliqué à l'ordre intellectuel : « Rétablir tout en Jésus-Christ; » ou, comme le porte une autre version : « Résumer tout, récapituler tout en Jésus-Christ; » c'est-à-dire rattacher à cette tête, à ce principe, à cette source, à ce centre, tous les rayons de l'esprit humain. Et saint Paul le dit ailleurs plus clairement encore : « Je ne veux savoir qu'une « seule chose : Jésus-Christ, et Jésus-Christ « crucifié. » Eh bien ! oui : le chrétien qui pense sait aujourd'hui que ce mot est et doit être la vraie devise de la science pleine, profonde, étendue à tout. On multiplie donc les essais, on publie des livres intitulés : *Université catholique, Encyclopédie catholique.* On fait plus, on fonde à Louvain une véritable université catholique qui vivifie tout un royaume. Plus tard notre vénérable frère Newmann, fondateur de l'oratoire anglais, fonde aussi l'université catholique de Dublin.

En France, il nous sera impossible, ce semble, pendant très longtemps, de fonder un tel centre d'enseignement. Mais, au lieu de m'en plaindre, j'en veux remercier Dieu. Cette impossibilité nous donnera l'élan qui décuple la force sous la difficulté, comme on l'a dit si heureusement :

S'appuyer sur l'obstacle et s'élancer plus loin.

Au lieu d'un centre d'enseignement oral et local, déclarons que nous établissons nos chaires d'enseignement chrétien sur le trône même d'où l'on gouverne le monde, et que, comme tous en ont le droit, nous nous emparons, pour enseigner, de la parole publique, fixée pour tous les temps, multipliée pour tous les lieux, par la presse.

Mais c'est là même la difficulté, direz-vous? Je le sais. Comment chasser l'ennemi de ce sommet pour nous y établir nous-mêmes? Il nous faut donc regarder en face, fermement et attentivement, l'ensemble et le détail de la difficulté, et chercher s'il n'y a pas quelque moyen, quelque chemin encore inexploré, pour parvenir à ce sommet et y dominer tout.

IV

Il y a plus de trente ans qu'un homme d'un grand sens, et qui certes n'était poussé par aucun fanatisme religieux, disait : « Le

« clergé catholique pourrait, s'il le voulait,
« prendre le sceptre de la science qui est par
« terre. Je ne lui demande pour cela que dix
« années d'efforts. » Ce mot est encore plus
vrai que ne le pensait son auteur, et Dieu
même en prépare l'accomplissement. Dieu,
dis-je, prépare, au fond de l'esprit moderne,
une science d'ensemble, dominée par la croix.
Dieu prépare la réalisation littérale et textuelle du mot de la sainte Écriture : « Les
« lèvres du prêtre seront les dépositaires de
« la science. » Expliquons-nous.

Je parle de la science. Non pas des sciences
particlles, mais de la science.

La science est la connaissance de ce qui est.
Or, qu'est-ce qui est ?

« Il y a trois mondes, dit Pascal : le monde
« des corps, le monde des esprits et le monde
« de la charité, qui est surnaturel. » Aristote
avait dit la même chose en des termes fort
peu différents : « Il y a, dit-il, trois essences,
« deux naturelles, une immuable. » Il est évident qu'il y a ces trois mondes et point d'autres. Il y a les corps et les esprits créés, et
puis il y a Dieu. Connaître ces trois mondes
et leur rapport autant qu'il peut être donné à
l'homme sur cette terre, c'est la science.

S'il en est ainsi, la science proprement dite n'a jamais été possible que de nos jours, et elle n'est devenue possible que par le christianisme. L'antiquité ne connaissait ni le monde d'en haut, ni le monde d'en bas. Elle ne connaissait pas le monde des corps, c'est un fait. Elle ne connaissait pas le monde d'en haut, parce qu'on ne peut le connaître solidement que par la foi et la révélation. L'antiquité ne connaissait donc que l'esprit de l'homme, et bien imparfaitement, puisqu'on ne peut connaître suffisamment l'un des mondes que par sa comparaison aux deux autres.

Le christianisme, la foi, la croix de Jésus-Christ sont venus révéler le monde d'en haut et ses mystères. Les Pères de l'Église et le moyen âge étaient donc en possession de deux mondes, le monde d'en haut, obscurément révélé par la foi, et le monde de l'esprit créé, illuminé par cette révélation d'où est sortie une science théologique et philosophique supérieure, sans nulle comparaison, à la science des anciens. Mais notre moyen âge lui-même ne pouvait pas encore essayer heureusement l'encyclopédie véritable, ni le commencement de la science proprement dite; l'un des trois mondes lui manquait : le monde visible lui était inconnu à peu près autant qu'aux anciens. Mais, le temps venu, Dieu veut donner au peuple chrétien la science de ce troisième monde ; il inspire, il pousse l'esprit humain à connaître enfin la nature. Il suscite des esprits pleins de force et d'élan, remplis de l'enthousiasme de la vérité : Copernic, Galilée, Kepler, Pascal, Descartes, Leibniz, qui furent les créateurs de tout le mouvement scientifique moderne, et qui firent entrer dans le monde la science de la nature visible. « Seigneur, dit « Kepler, vous avez attendu six mille ans un « contemplateur de vos œuvres. Soyez béni. « J'ai dérobé les vases des Égyptiens ; j'en « veux faire un tabernacle à mon Dieu. »

Ce tabernacle, conséquence des découvertes de Kepler, n'est achevé que de nos jours. Depuis peu, l'homme possède un certain ensemble de la grande science de la nature, non pas complet, mais suffisant pour commencer.

Aujourd'hui donc, pour la première fois, nous avons sous les yeux les trois mondes : le monde d'en haut révélé par l'Incarnation, donnée obscure, mais déjà profondément étudiée par le travail théologique de dix-huit siècles, travail immense, incomparable, dont le monde du dehors ne se doute pas. Nous avons sous les yeux le monde des corps, dont la science marche de conquête en conquête depuis trois siècles ; et nous avons la science de l'esprit humain enrichie de l'expérience de tous les siècles tant anciens que modernes.

Donc la science d'ensemble, la science proprement dite, l'encyclopédie véritable peut commencer. On peut maintenant comparer la théologie, la philosophie et les sciences. On peut comparer les trois mondes. « Attendez, disait M. de Maistre il y a quarante ans, attendez que l'affinité naturelle de la science et de la religion les réunisse ! »

Mais qui peut faire cette réunion et cette comparaison ?

Je dis qu'elle n'est possible que par la vertu de la croix : c'est là, chrétiens, votre triomphe. Qu'ont donc produit jusqu'à présent nos adversaires ? J'entends par là ceux qui veulent renverser la croix, ceux qui veulent rejeter de la vie et de l'esprit humain la pratique et l'idée du sacrifice. Qu'ont-ils produit ?

Vous entendez dire quelquefois qu'ils ont produit le mouvement scientifique moderne. Mais quoi ! c'est le dix-septième siècle qui a tout fait et tout créé ; depuis, l'on a perfectionné. Mais tous les inventeurs étaient chrétiens. Ces sciences sont donc à nous par leurs inventeurs : les peuples chrétiens seuls étaient capables de les créer. Elles ont été créées, non par révélation assurément, ni par voie de conséquence théologique, mais par l'effort de l'esprit humain, béni de Dieu, pénétré par la sève chrétienne, par les prières des saints, par la lumière des contemplatifs, par l'élan des mystiques, par la philosophie profonde des grands théologiens. Oui, ces forces, ces lumières, ces grâces et ces bénédictions, par la vertu du sacrifice et de la croix, ont soulevé l'esprit humain vers un plus grand amour du vrai et de plus grands élans.

Ces sciences donc, par leurs inventeurs, sont à nous. Les continuateurs ont pu être ce qu'on voudra, bons ou mauvais; il n'importe. En elles-mêmes, d'ailleurs, toutes ces sciences, astronomie, mathématiques, physique, sont évidemment neutres. Elles sont au premier occupant, à celui qui saura s'en servir, et les faire entrer, toutes pénétrées de lumière et de philosophie, dans l'unité de l'encyclopédie véritable.

Or, nos ennemis le peuvent-ils? Je demande encore une fois, pour juger leurs forces, ce que jusqu'à présent ils ont produit, outre les ruines. Mettons à part ces ruines, qu'ont-ils dit, affirmé, démontré? qu'ont-ils construit? Je ne trouve absolument rien.

Ils ne peuvent nommer que deux choses : la philosophie du dix-huitième siècle et la philosophie du dix-neuvième siècle, c'est-à-dire un éclat de rire, suivi d'un acte de folie.

La philosophie du dix-huitième siècle est un éclat de rire contre toute religion et toute philosophie. Ils ont dit : « Entre Platon et « Locke, il n'y a rien en philosophie; » c'est avouer qu'ils ne savaient plus même ce que veut dire philosophie. Pour eux, saint Augustin, saint Thomas et saint Anselme, tous les Pères grecs et tous les scolastiques, tous les mystiques, tout le dix-septième siècle, Descartes, Pascal, Bossuet et Fénelon, Malebranche et Leibniz, n'étaient rien en philosophie. Ils ont dit : « Nous avons quatre métaphysi- « ciens : Descartes, Malebranche, Leibniz et « Locke; ce dernier seul n'était pas mathéma- « ticien, et de combien n'était-il pas supérieur « aux trois autres? » Ce qui veut dire simplement que le dix-huitième siècle avait perdu le sens philosophique, et qu'à ma connaissance, aucun siècle, depuis Platon, n'a été philosophiquement aussi nul. C'est une éclipse philosophique absolue. A partir de la plus vive lumière théologique, philosophique et scientifique, ils sont tombés en un instant dans les ténèbres.

Que ne puis-je exprimer ce que je vois ! Vous qui savez et qui pensez, je vous le demande, méditez ceci. Je vois au milieu du dix-huitième siècle, par suite du règne de la débauche, une négation subite du christianisme, et le propos délibéré d'écraser Jésus-Christ et la croix. Je vois, au même instant, les ténèbres envahir ce siècle, comme au calvaire, à la mort du Christ, et toute lumière immédiatement retirée aux esprits ennemis de Dieu. J'insiste. Je vois le religieux dix-septième siècle en possession de la lumière des trois mondes, lumière théologique révélée, lumière expérimentale et scientifique du monde des corps, puis une troisième lumière proprement philosophique, résultant des deux autres, par l'élan du génie et la force profonde de la foi. Le scepticisme impie rejette la lumière révélée du monde divin : à l'instant même la lumière de la philosophie lui est ôtée. Il cesse de pouvoir comprendre, et même d'apercevoir toute la philosophie du monde moderne. Non seulement il perd la lumière d'en haut et ses effets sur la philosophie proprement dite, mais il perd la meilleure moitié de la lumière d'en bas. Il tombe absolument au-dessous de Platon et au niveau de Démocrite dans les atomes et dans le vide. L'élan naturel qui, de la vue du monde physique, s'élance vers les idées, et prend son vol vers Dieu, lui devient impossible. Leur esprit a perdu ses ailes; leur raison son élan; c'est-à-dire, ô prodige! que le plus noble et le plus efficace des mouvements de la raison, celui qui s'élève, qui découvre, qui a des ailes et qui est, comme nous l'avons souvent dit, le calque logique du sacrifice, — ce que Platon avait dit avant nous, — ce mouvement s'arrête en eux. Leur esprit, qui niait la croix, a été, comme par miracle et châtiment, paralysé en un instant dans ses deux ailes! O amis! si l'on voyait les choses spirituelles comme on voit le monde extérieur, le seul spectacle de ce châtiment intellectuel des impies ramènerait le monde au christianisme.

Ce n'est pas tout. La chute devait être encore plus profonde, le châtiment plus étonnant. Si vous saviez ce qu'est la sophistique contemporaine et la folie panthéistique, qui se nomme la folie nouvelle, vous verriez l'esprit des impies qui au dix-huitième siècle, marchait du moins sur terre, mais privé d'ailes et dans les ténèbres, vous le verriez faire de nos jours un incroyable effort pour descendre sous terre et prendre, de haut en bas, je ne sais quel vol lugubre et singulier, comme pour chercher des lumières souterraines dans les abîmes.

Leurs pères avaient perdu la force de leurs ailes, mais avaient conservé la marche. Ceux-ci n'ont plus ni vol ni marche, ils n'ont plus qu'un seul mouvement, la chute.

Ils ont voulu se donner un élan, mais c'était un élan retourné.

Ils se sont fait des ailes, mais des ailes plus lourdes que l'homme, plus lourdes que la terre, qui précipitent au lieu d'élever.

Regardez bien, Messieurs, et vous verrez dans ces images le caractère précis du sophisme contemporain. Leur volonté a dénaturé les deux mouvements de la raison; ils nient les deux principes de la pensée : celui qui marche dans l'identité des déductions; celui qui monte d'un libre élan sous l'infaillible attrait de la souveraine vérité. Ils détruisent le premier en affirmant audacieusement *l'identité des contraires*, ce qui est le propre caractère et l'aveu naïf de l'absurde. Ils détruisent le second en retournant sa direction, et prenant ainsi leur élan vers les ténèbres librement choisies. Ce qu'ils découvrent dans cet élan, le voici : c'est que la vérité est nulle, que l'Être n'est pas, que le Néant est identique à l'Être. Voilà, ô frères, les deux philosophies qui remplacent la philosophie chrétienne du monde moderne. La première avait répudié la lumière révélée et perdu la lumière philosophique, mais s'attachait à la lumière du monde des corps et continuait avec effort la science de la nature, créée par les chrétiens. Les autres ont tout perdu, à ce point qu'ils rejettent la science du monde des corps, comme n'étant pas philosophique, qu'ils méprisent la nature comme étant un obstacle à l'idée, et qu'ils ont affirmé ceci : « Quand la « nature n'est pas d'accord avec notre phi- « losophie, c'est que la nature s'est trom- « pée ! »

Voilà, chrétiens, nos adversaires. Nous n'avons d'autres adversaires que ces deux sectes. Quiconque repousse le panthéisme contemporain, quiconque s'élève plus haut que le rire voltairien, celui-là n'est point contre nous. Or, qui n'est pas contre nous est pour nous, selon la parole du Sauveur.

Nos adversaires dans l'ordre de la vérité, de la science, de l'affirmation, sont donc absolument et radicalement impuissants. Ils peuvent nier, détruire, diviser et se diviser ; mais se réunir pour construire, pour édifier, pour affirmer, ils ne le peuvent. S'ils l'essayent, comme le panthéisme contemporain, ils produisent des monstres, qui sont une démonstration par l'absurde de leur incurable stérilité.

Il reste donc, mes frères, que les chrétiens, au nom de Jésus-Christ crucifié, s'emparent des trois lumières : lumière divine et révélée du monde d'en haut, lumière purement naturelle du monde des corps, et lumière à la fois divine et humaine de la sagesse chrétienne, de la philosophie du monde nouveau. Il reste qu'éclairés par la croix, les ministres de Dieu rassemblent en un seul faisceau les trois lumières, et qu'ils élèvent ce phare incomparable sur le trône de la force moderne, qui s'appelle la parole publique, fixée pour tous les temps, multipliée pour tous les lieux.

V

Mais précisons. Comment la croix peut-elle devenir et la lumière et l'instrument de ce triomphe intellectuel de l'esprit nouveau, maintenant opprimé par l'esprit païen qui domine? Le voici.

Il existe une étrange et vigoureuse peinture représentant le Calvaire sous la miraculeuse obscurité. Tout est noir, sauf la croix qui attire un rayon du ciel qu'elle réfléchit sur toute la scène. Tout point qui touche cette ligne lumineuse de la croix devient fécond à l'instant même, et des morts ressuscités sortent de terre.

De même la croix, je veux dire la doctrine du sacrifice, la pratique et l'idée et les applications intellectuelles du sacrifice, la croix, dis-je, fait descendre la lumière du ciel, la répand sur la terre, ressuscite et relève vers le ciel l'esprit humain, si mort qu'il soit, lui rend tous ses mouvements et toutes ses forces, et la vie, et la marche, et l'élan. Elle réunit dans une lumière unique, à la fois divine et humaine, les trois mondes que l'homme veut connaître.

En effet, le monde d'en haut est donné par la foi. Mais la donnée de la foi est obscure. La foi n'est pas la science. Il faut traduire en philosophie la simplicité de la foi, et faire germer en sagesse lumineuse ses données implicites. Ceci est un autre don du Saint-Esprit, dit la théologie : ceci s'opère par ce que l'on appelle *les vertus intellectuelles inspirées*, vertus données de Dieu, et sans lesquelles la foi, pour notre esprit, n'est qu'un talent à faire valoir ; mais vertus auxquelles l'homme travaille, et dont il ne se rend capable qu'en saisissant la croix et en s'y attachant. Il n'y a de lumière divine que pour l'intelligence sacrifiée, qui sort de soi pour s'élancer dans l'infini de Dieu. Les anciens eux-mêmes l'avaient vu, Platon l'a dit : « Philosopher, c'est apprendre « à mourir. » Et ailleurs : « La sagesse n'est « donnée qu'aux morts. » Et, en effet, l'attache aux phénomènes, sans libre élan vers les idées, est le mal des esprits terrestres non sacrifiés. Ces esprits ressemblent aux cœurs non sacrifiés, qui aiment la terre, le plaisir et les sensations : ces cœurs n'ont pas d'idées ; ils n'ont pas même la science de la terre, ils n'en ont que la vue animale. Et les esprits eux-mêmes, si grands qu'ils soient, lorsqu'ils sont liés à des cœurs non sacrifiés, perdent l'élan philosophique. Il faut abstraire, couper et retrancher, dépasser l'accident et les formes particulières pour arriver au vrai. C'est-à-dire qu'il faut sacrifier pour connaître la vérité, comme il faut sacrifier pour pratiquer le bien. Le sacrifice est la grande loi logique, comme il est la grande loi morale. Et je n'appelle point sacrifice ce que Bossuet nommait si bien : l'*Anéantissement pervers* des faux mystiques. Ceci est le procédé des sophistes, qui anéantissent l'Être par la pensée, et le font identique au néant. Mais j'appelle sacrifice l'imitation du saint et salutaire sacrifice de la croix, où l'homme meurt, pour renaître glorieux ; où l'on meurt au temps pour revivre à l'éternité, à l'égoïsme pour revivre à l'amour. En un mot, j'appelle sacrifice non pas ce qui anéantit, mais ce qui multiplie et glorifie. Et ce divin passage, ce très saint et divin sacrifice est le procédé nécessaire de la vie, pour notre cœur, notre esprit, notre corps, pour notre progrès dans le temps, et notre salut dans le monde à venir. Jésus-Christ, par sa croix, a inoculé sur la terre ce divin procédé de progrès, d'accroissement, de régénération et de résurrection. Les hommes, les peuples, les esprits et les cœurs qui s'y donnent, y trouvent la voie, la vérité, la vie.

La croix donc, éclairant nos travaux, peut seule relier les trois mondes dans sa lumière, et nous donner le commencement de cette science d'ensemble, qui ravira et entraînera l'esprit vers Dieu. Sans la croix, la base terrestre de la science ne s'élèvera jamais plus haut que la terre : l'œil contemplera la terre, mais sans y voir le reflet du ciel. « Nul ne peut « monter au ciel, dit le Sauveur dans l'Évangile, « que celui qui en est descendu... Mais quand « j'aurai été élevé de la terre (par la croix), « j'attirerai tout à moi. » Cela veut dire qu'aucun effort humain ne pouvait découvrir les divines données de la foi, c'est-à-dire la lumière du ciel. Mais la lumière du ciel, une fois répandue sur la terre par Jésus-Christ, qui est cette lumière même, peut remonter et attirer jusqu'au ciel la terre même. Et si la volonté de Dieu doit régner en la terre comme au ciel, sa lumière peut aussi briller sur la terre comme au ciel. Le chrétien, dans la science de la croix, peut comparer la terre avec le ciel. Il peut comparer l'ensemble des données terrestres, fruits de la science moderne, et l'ensemble des données célestes, apportées par le Révélateur, méditées, développées par l'Église catholique depuis des siècles. La sève terrestre, nécessaire à toute science humaine, peut, par l'arbre de la croix, dont les racines pénètrent jusqu'au centre du globe, remonter jusqu'au ciel pour s'unir à son air vital, et l'air vital, bu par la science terrestre, dans les branches de la croix, redescend jusqu'au centre du globe, pour y porter la vie d'en haut.

VI

La croix, outre ce qu'elle est d'ailleurs, est donc le véritable, le seul instrument de la science.

Les ministres de Dieu, ou les hommes sacrifiés à Dieu, seront ses ouvriers. Les autres les aident et taillent les pierres. Eux seuls connaissent le plan, l'ensemble, la loi, la vie du tout, et ont la force qui élève et rapproche les fragments du vrai. Eux seuls peuvent, par le sacrifice, acquérir quelque science expérimentale des choses d'en haut, et traduire en lumière humaine les données obscures de la foi; eux seuls peuvent écouter Dieu dans la limpidité de la vie pure, le silence de l'humi-

lité, le calme de la pauvreté. Eux seuls devenus humbles par la croix et sacrifiés dans l'étroite personnalité de l'esprit individuel, peuvent travailler plusieurs en un. Nos adversaires ne peuvent se réunir, si ce n'est en tumulte et pour détruire ; nous seuls, par l'amour intellectuel des esprits sacrifiés, pouvons nous réunir en ordre pour édifier. Nous seuls donc pouvons, par le nombre et l'union, l'effort suivi, la prière pénétrante et la bénédiction de Dieu, parcourir et connaître le monde immense des sciences contemporaines, parcourir et connaître le monde presque indéfini de l'histoire et de la science sociale, parcourir et connaître le monde plus immense encore de la théologie et de la foi ; puis rapprocher les mondes, les comparer, en faire, non pas la confusion et le mélange, mais la mutuelle pénétration dans la lumière, et dans la lumière de la croix, de manière à rapporter toute la nature à l'homme, tout l'homme à Jésus-Christ, à l'Homme-Dieu crucifié et ressuscité et « montant comme il l'a dit lui-
« même, vers son Père et notre Père, vers son
« Dieu et notre Dieu. »

Messieurs, toutes ces paroles seront peut-être énigmatiques pour plusieurs d'entre vous ;

elles seront certainement moins obscures pour ceux qui ont longtemps médité l'Évangile. Quoi qu'il en soit, vous comprenez tous que le travail des ministres de Dieu, des chrétiens dévoués, unis par l'amour de la foi, et travaillant dans la saine lumière de la philosophie chrétienne sur les admirables données de la foi, de l'histoire, des sciences, de la nature et de la société, peut produire en ce siècle un mouvement d'ensemble que les siècles passés étaient impuissants à produire; un mouvement d'ensemble que l'esprit païen, esprit de division et d'incrédulité, dénué de philosophie véritable, livré au rêve du scepticisme, ou bien à la folie du panthéisme, ne saurait pas même entreprendre.

Voilà, Messieurs, notre irrésistible puissance dans notre lutte contre les forces du mal.

Nous tenons dans nos mains le principe, la possibilité d'une lumière catholique, universelle, à la fois divine et humaine, que l'adversaire n'a pas et ne saurait avoir. De plus, il y a une force publique, universelle aussi, qui est le gouvernail du monde, et qui est la parole fixée et multipliée par la presse. Nous pouvons nous en emparer le jour même où nous marcherons avec ensemble dans la voie de cette science. Car si l'adversaire a pour lui le nombre, l'intensité des voix, et la clarté superficielle, et l'entraînement du rire et la ligue des passions; nous, nous avons pour nous la vérité, Dieu même et le fond des âmes. Nous n'avons plus seulement la vérité énoncée en langue inconnue, mais bien la vérité traduite, selon la pensée de saint Paul, la vérité scientifiquement et philosophiquement offerte à tout esprit qui pense, en même temps qu'enseignée à tous, populairement et par divine autorité. Nous avons en outre pour nous bien plus de la moitié du camp des adversaires; car le nombre des esprits séduits, dans leur sincère amour du vrai, par la demilueur des vérités partielles, frauduleusement tournées contre la vérité, est bien plus grand que celui des méchants, qui, par perversité d'instinct, orientent la foule vers l'erreur. Qu'un rayon parte de la croix, les méchants seront terrassés, et tous leurs auxiliaires séduits seront pour nous, et la croix deviendra le sceptre des chefs intellectuels, comme elle est devenue le sceptre de Constantin. La croix brillera dans le ciel de l'intelligence, comme Constantin la vit briller dans le ciel des batailles. La croix aura son second triomphe et son second avènement dans le monde des esprit créés, avant le dernier avènement où elle brillera dans tous les cieux et dans le ciel des cieux pour le dernier jugement.

O sainte et bienheureuse fécondité de cette seconde époque du triomphe temporel de la croix, n'est-ce pas vous que Bossuet voyait quand il disait : « Heureux les yeux qui ver-« ront l'Occident et l'Orient se réunir pour « faire les beaux jours de l'Église ! » N'est-ce pas vous que Fénelon rêvait toujours ? N'est-ce pas vous dont Leibniz disait : « Le temps vient « où les hommes se mettront plus à la raison « qu'ils n'ont fait jusqu'ici ? » N'est-ce pas vous que Joseph de Maistre nommait : « les admi-« rables reconstructions que Dieu prépare : » vous que sainte Hildegarde voyait quand elle parlait du siècle d'admirable vigueur des ministres de Dieu, siècle de vraie lumière, où les deux mondes, l'esprit et le corps, seront confondus dans une même science ? vous dont un intelligent historien a dit : « Il se prépare « une nouvelle apologie du christianisme, « qui réunira les chrétiens, qui entraînera « l'incrédulité même[1] ; » vous dont un phi-

---

[1] Ranke, *Fin de l'histoire de la papauté*, 1re édition.

losophe a dit : « C'est l'époque où le pan-
« théisme sera détruit, où l'arbre de la science
« s'élèvera sur les racines de la révélation :
« renaissance qui sera pour le monde la plus
« grande des époques? » N'est-ce pas vous qui
faites enfin l'espérance du vicaire actuel de
Jésus, l'homme de la croix, qui au pied de la
croix avec la Vierge immaculée sa mère, pro-
phétise toutes les fois qu'il parle, quelque
grand triomphe de la croix!

VII

Or, en présence de ces vérités, Messieurs,
quels sont nos devoirs, à nous qui vous parlons, à vous, nos auditeurs ou nos amis?
N'est-ce pas, comme nous l'avons dit en commençant, de pratiquer tout l'Évangile, avec
un cœur nouveau; puis de donner notre vie
et nos forces à la propagation de l'Évangile,
au triomphe de la croix?

Et nous d'abord qui vous parlons, qu'avons-
nous entrepris? Qu'est-ce que l'Oratoire?

L'Oratoire est un lieu de prière, d'étude
dans la prière, et de propagation évangélique par la parole et par la plume.

Laissez-moi vous parler un peu, Messieurs et frères de cet Oratoire, de ce faible germe qui cherche à vivre, que vous semblez aimer, et bénir de votre présence et de votre prière. Je vous en parlerai fort librement, à cœur ouvert, comme de l'œuvre d'autrui; car il semble que c'est une œuvre que Dieu opère, et que nous regardons du dehors comme vous. Si jamais j'ai dû comprendre cette parole de saint Paul : « Nous, nous sommes « créés en Jésus-Christ pour les bonnes œu- « vres que Dieu prépare, pour que nous « marchions à sa suite, » c'est bien en présence du spectacle de cette petite œuvre naissante. Dieu a tout préparé, et quelques hommes ont suivi timidement, imparfaitement, de loin. Il a voulu en bien des circonstances paraître clairement à nos yeux, agir lui-même pour tout conduire, tout commencer. Et d'abord Il prépare notre idée, nous l'avons vu, depuis un demi-siècle, et l'inspire à tous les penseurs chrétiens, aux prêtres, aux religieux, que les besoins urgents du sacerdoce n'emportent pas tout entiers dans l'action. Quant à nous, qui sommes un très petit groupe dans l'ensemble, Lui qui s'occupe des détails comme du tout, et des moin-

des choses comme des grandes, Lui, dis-je,
s'est occupé de nous aussi. Dieu prépare
depuis bientôt trente ans, vingt ans, dix ans,
les divers membres de ce groupe à s'unir
pour travailler à la grande idée de ce siècle.
Dieu a voulu l'existence de ce petit centre, de
ce petit sanctuaire d'étude et de prière uniquement fondé sur cette pensée, livré à cette
idée de la Croix du Sauveur, comme centre
et source de lumière.

C'est donc l'œuvre de Dieu, je ne saurais
le mettre en doute. Seulement nous pouvons
laisser périr l'œuvre de Dieu par notre orgueil, notre lâcheté, notre inintelligence,
notre incapacité; ce qui arriverait évidemment, par le fait même, si nous avions le malheur d'épuiser la première sève de l'Oratoire
naissant en quelque œuvre particulière et secondaire; si nous n'appliquions pas toutes
nos pensées à cette science de la croix, qui
est la propre science du Prêtre : *labia enim
sacerdotis custodient scientiam;* si enfin
nous ne savions pas concentrer toujours nos
forces vives dans l'essence même de l'Oratoire, qui n'est autre que l'essence même du
sacerdoce, la Prière et la Prédication de
l'Évangile : *Nos autem orationi et ministerio*

Verbi instantes erimus. Retenez bien, Messieurs, cette restriction. Mais, grâce à Dieu, cette œuvre est une plante que le Père céleste a plantée. Voici donc ce que nous pouvons dire du but intellectuel de notre œuvre; je dis le but intellectuel, car s'il s'agit de l'essence même de l'Oratoire, tout est dans ce seul mot : *Nos autem orationi et ministerio Verbi instantes erimus.*

VIII

Travailler au triomphe intellectuel de la croix, par l'ensemble des forces humaines bénies de Dieu, et par cette science d'ensemble possible par la croix seule; prier, se recueillir pour recevoir quelque lumière d'en haut, quelque bénédiction intellectuelle, et quelque initiation dans la science de la croix : travailler dans la lumière évangélique toutes les sciences, surtout les sciences morales, et leur application à la vie des peuples et à la solution de la grande crise que traverse le genre humain; se réunir pour travailler plusieurs en un, afin de ramener à l'unité toutes les branches de la science et toutes les directions de la pensée; s'attacher avec zèle et respect à la pureté, à la simplicité, à la clarté, et, si l'on peut, à la beauté et à la dignité de la parole, afin de répandre partout la science chrétienne, fruit de la foi, de la la prière, du travail opiniâtre et de l'union, tel est le but.

Les moyens sont d'abord : la réunion de plusieurs dans un lieu de prière et d'études, dans cet Oratoire qui se compose de deux éléments : l'Oratoire proprement dit, et puis l'atelier de travail, ou, si l'on veut, la chapelle et la bibliothèque. Il faut être plusieurs ouvriers, posséder des forces diverses, les uns l'histoire, le droit; d'autres les lettres ou la philosophie; d'autres les sciences économiques et politiques; d'autres la physique et les mathématiques, l'astronomie et toutes les sciences du monde des corps : d'autres posséderont à fond la théologie, qui, d'ailleurs, en tant que reine et directrice, doit, aussi bien que la philosophie, être commune à tous, du moins au degré suffisant.

Ces éléments donnés, il nous faut la ferme résolution de travailler avec accord, avec ensemble, avec prière et sacrifice perpétuel, sachant qu'on ne peut rien qu'en Jésus-Christ à qui l'on ne s'unit qu'en s'unissant au sacrifice. Puis il nous faut la résolution de ne pas nous perdre dans la polémique, mais de combattre l'ennemi par voie de supplantation. Il nous faut encore la résolution de voir dans tout ennemi un frère possible, un auxiliaire probable si, sans le frapper du glaive, nous l'enveloppons de lumière.

Il nous faut la résolution de parler toujours, et dans toute l'étendue de la science, une même langue, la langue du monde civilisé, en supprimant le grec et les idiomes techniques des sciences particulières.

Il nous faut la résolution d'écrire la vérité avec notre âme entière, esprit et cœur, afin de s'adresser à tous les sens, à toutes les facultés des hommes, afin de les atteindre tous, et ceux qui savent penser et ceux qui savent sentir, ceux qui pensent par images et ceux qui pensent par raisonnement. Un style complet est celui qui atteint toutes les âmes et toutes les facultés des âmes ! Or, si l'on aime, si l'on sait, si l'on prie, si l'on admire, si l'on travaille longtemps, si l'on sacrifie les mille bizarres particularités du lieu et du moment, de la coterie et du système, on peut avoir un style moins incomplet que le langage ordinaire des savants.

Mais il nous faut surtout bien choisir le côté par lequel nous devons présenter au monde la grande philosophie chrétienne. Il faut savoir quel est le point qui, d'ici à un demi-siècle, doit être surtout développé. Ce point, ce n'est pas la métaphysique, ni la logique, c'est la morale, c'est la grande science du devoir. C'est l'éternelle, universelle et infaillible morale évangélique qu'il faut verser comme un esprit vivant, et comme un feu sacré, dans une science d'ensemble qui, unissant en elle le droit, l'histoire, la politique, la législation et l'économie politique, puisse se nommer la science du devoir, du devoir d'homme à homme, de peuple à peuple, de gouvernant à gouverné : science nécessaire pour terminer la crise où se débat le monde contemporain au moment où il se transforme.

Cette science évidemment, qui est surtout celle de la croix, est la première que nous aurons à travailler ensemble, nous chrétiens, et à établir dans le monde, par le détail de ses applications.

C'est ainsi que nous renverserons sans l'attaquer la vieille philosophie païenne qui prend pied parmi nous depuis un siècle, sous forme de scepticisme, et puis de panthéisme. Nous la renverserons en y substituant la puissante et lumineuse philosophie chrétienne, populairement enseignée par la presse à toute l'Europe, au monde entier. Nous en ferons deux traductions : l'une pour le monde lettré et l'autre pour le peuple, et une autre encore de vive voix.

Tel est notre devoir à nous qui vous parlons. Voici maintenant non pas votre devoir, Messieurs, mais la part que vous pouvez prendre vous-mêmes à nos travaux, vous nos amis, nos auditeurs.

IX

Avant tout, vous pouvez, et vous le pouvez tous, nous aider par votre prière. La prière est la plus grande des forces. Priez Dieu de nous supporter, de nous soutenir, quoique indignes ouvriers de son œuvre. En second lieu, vous pouvez nous aider par quelque coopération intellectuelle, soit en venant travailler avec nous dans une union plus ou moins intime, soit en travaillant loin de nous, mais dans le même sens. Et cette œuvre, en effet, est l'œuvre de tous les chrétiens, des ministres de Dieu d'abord, du clergé catholique tout entier, de vous tous, si vous vous élevez, quoique laïques, au sacerdoce du zèle, du dévouement et du travail pour Dieu. Dieu veuille susciter parmi vous des saints d'abord, puis pour la propagation de la vraie science, des génies chrétiens !

Enfin, Messieurs, quelques-uns d'entre vous, peut-être, travailleront à l'œuvre commune, par cet esprit de sacrifice qui fonde sur terre le corps des œuvres de Dieu. Oui, je voudrais pouvoir vous inspirer l'esprit de fondation.

Les œuvres de Dieu, les idées de l'Église du Christ ont été, il y a un demi-siècle, en France, entièrement dépouillées de leur corps. C'est ce qu'on a opéré plus récemment, sous nos yeux, en Espagne et puis en Piémont. C'est ce que le Piémont exécute en ce moment même, magnifiquement, en Italie. L'esprit païen craint en effet que l'esprit de Dieu ne s'incarne. Mais Dieu bénit la foi de ceux qui travaillent à réparer ces ruines, et qui donnent aux divines idées un asile et un corps.

Je connais un chrétien vénérable qui m'honore de son amitié, et qui vient de fonder dans sa patrie, — car il n'est point notre compatriote, — une œuvre immense. C'est une maison de vingt-cinq missionnaires. Maison, chapelle, bibliothèque, existence à perpétuité de vingt-cinq ouvriers évangéliques, ce noble chrétien a fondé le tout à lui seul.

Pourquoi d'autres chrétiens, aussi nobles de cœur, et placés dans les mêmes circonstances, n'auraient-ils pas l'inspiration de fonder grandement aussi le corps de la divine idée dont nous venons de vous parler? L'Oratoire, autrefois, avait couvert la France de ses bibliothèques. Ces livres dorment maintenant dans ces catacombes de l'esprit que l'on appelle bibliothèques publiques : aucun œil ne les aperçoit, aucune main n'en secoue la poussière, et nous, nous avons à doubler nos efforts pour travailler sans livres, ou bien avec quelques débris que le hasard nous met en mains [1].

L'Oratoire avait couvert la France de ses maisons et de ses églises. Aujourd'hui, nous avons cette salle pour chapelle [2]. Sans doute

[1] Depuis que ce discours a été prononcé, l'illustre et bien regrettable Augustin Thierry nous a fait le très grand honneur de nous léguer sa bibliothèque.
[2] La chapelle de l'Oratoire est construite aujourd'hui.

nous bénissons cet humble commencement.
Cette pauvreté, c'est notre crèche; et cette
crèche portera bonheur à la divine idée.
Mais le temps vient où nous devons nous livrer au travail avec plus de force et d'ensemble, et il nous faut, comme à saint Joseph, l'a-
telier de travail et les instruments de travail,
pour nourrir le divin enfant.

Quelqu'un nous les donnera. Dieu enverra
quelqu'un. Et si ce n'est un seul, les envoyés
de Dieu seront plusieurs.

C'est donc ainsi, Messieurs, qu'aujourd'hui,
ou bientôt, ou par la suite, quand Dieu voudra, vous pourrez nous aider : et cette œuvre
peut devenir pour vous, ou l'un de ces plaisirs, ou l'une de ces affaires, dont je vous ai
dit souvent : « Il faut d'autres plaisirs, d'autres
« affaires ! »

X.

Et maintenant, je rentre dans ce que j'ai appelé si souvent notre devoir. Votre devoir
n'est point telle ou telle œuvre particulière.
Votre devoir est de pratiquer l'Évangile,
c'est-à-dire de faire pénitence et de participer
au sacrifice, parce que le règne de Dieu ap-

proche, et afin qu'il approche plus vite. Votre devoir est de prendre la croix, de la porter et de suivre Notre-Seigneur Jésus-Christ. Le temps où nous vivons demande d'autres chrétiens que des chrétiens qui dorment. Il faut des combattants, il faut des ouvriers. Tout chrétien doit être ouvrier ou combattant; car il faut défendre la croix, il faut chasser l'esprit païen, l'esprit adversaire de la croix, du milieu de cette humanité nouvelle fondée sur la lumière, la force et la vertu du Christ. Pendant que nous dormons, l'ennemi marche. J'entends par là l'esprit de retour au paganisme par l'abolition du sacrifice, par la rechute dans les sens et l'orgueil, par la rechute dans tout ce qui sépare et divise, par la rechute dans l'antique égoïsme, qui repullule avec fureur, dès que le sacrifice est aboli. O mes frères, ne laissez pas l'envahisseur s'avancer plus loin. Prenez la croix. Levez la tête, occupez-vous des intérêts de la justice et de la vérité, et cessez de trouver dans ce qu'on nomme le monde, dans ce monde banal et vieilli, tous vos plaisirs, toutes vos affaires. Honte à celui qui, parmi tant d'affaires, n'en a pas une qui soit pour Dieu! Honte à celui qui, dans ses mille plaisirs, n'en a pas un qui vienne de Dieu. Le temps approche, espérons-le, où l'homme qui vivra pour lui seul, selon la fade et coupable routine du vieux monde décrépit, ne sera plus un homme aux yeux des siens, mais un efféminé. Le temps vient où, comme autrefois dans l'enthousiasme des croisades, les femmes enverront à l'homme qui prétendra rester dans ses plaisirs et son repos la quenouille de fileuse pour le réveiller par la honte.

Le temps vient où, réveillés enfin par la honte ou par le danger, les chrétiens retrouveront une science et une pratique plus profonde de la croix; y verront le passage de cette vie qui meurt, à la vie éternelle; et y verront de plus le passage de la vie terrestre mauvaise, corrompue, corruptrice, toujours en décadence, à la vie généreuse, grandissante et féconde qui fait marcher le monde vers la justice, qui hâte le terme où la nouvelle humanité, fondée par la croix du Sauveur, régnera sur la terre entière pour la gloire de Dieu et pour la paix et le salut du plus grand nombre.

Ainsi soit-il.

FIN DU DISCOURS.

LES SOURCES

(SECONDE PARTIE)

OU

LE PREMIER ET LE DERNIER LIVRE

DE LA

SCIENCE DU DEVOIR

LES SOURCES

(SECONDE PARTIE)

PREMIER LIVRE

PRÉPARATION

CHAPITRE PREMIER

I

Je vous ai autrefois proposé un plan d'études[1]. Je voudrais aujourd'hui vous proposer un plan de vie.

Ce plan de vie se résume en un mot, que

---

[1] *Les Sources.* (Ire partie.)

j'ose vous adresser au nom de Dieu : « Mon « fils, sois bon ! »

Le plan est simple ; mais vous verrez qu'il est aussi riche qu'il est simple.

Sans doute, il n'y a que les grands cœurs qui savent ce qu'il y a de gloire à être bon. Mais pourquoi vous, qui que vous soyez, n'auriez-vous pas déjà, ou n'oseriez-vous pas demander à Dieu, votre Père tout-puissant, un grand cœur et de grandes pensées?

Essayons. Voyons si vous saurez comprendre la grandeur et la gloire de la bonté. Voyons si vous voulez cette gloire.

Donc, je vous le demande, voulez-vous être bon? Voulez-vous être *l'homme de bonne volonté* que Dieu veut[1]?

Voulez-vous consacrer votre vie à la justice et à la vérité? Voulez-vous vraiment accomplir la mission de l'homme sur la terre?

Voulez-vous être généreux, courageux, désintéressé? Seriez-vous fier de devenir un serviteur des hommes, un ouvrier de Dieu? Sauriez-vous suivre, avec une clairvoyance imperturbable, avec une indomptable résolution, le but humain, l'œuvre de Dieu?

[1] Et in terrâ pax hominibus bonæ voluntatis.

Quels que soient votre état ou votre âge, votre richesse ou votre pauvreté, votre ignorance ou votre science, vous pouvez, si vous avez un cœur vivant, vous pouvez concevoir la royale et divine ambition de mettre dans les destinées du monde votre poids de justice et de bonté.

Laissez-moi vous faire part du perpétuel étonnement de ma vie.

Il m'est entièrement impossible de concevoir pourquoi parmi tant d'hommes qui couvrent la face du monde, il n'en est point qui ait l'idée de prendre pour but réel et unique de sa vie, la justice [1]? Il n'y a pas de but si étrange, si mesquin, si difficile, si dangereux, que ne poursuivent avec ardeur, courage, sagacité, persévérance, des milliers d'hommes. Beaucoup d'hommes se jouent de la vie ; quelques-uns même la jettent ; et personne n'a l'idée de la poser comme une offrande et comme une force donnée à la justice !

Je vois des âmes qui semblent d'ailleurs dans l'ordre, dans la morale et la religion. Elles veulent assurément ne pas vivre dans l'iniquité. Mais le but n'est pas la justice. Elles

[1] Non est qui faciat bonum, non est usque ad unum.

ont un autre but constant, qui absorbe leurs pensées et leurs forces. Elles n'aiment point par-dessus toutes choses Dieu, la Justice, la Vérité.

Et je ne parle pas, en ce moment, de l'homme attaché à la terre pour en tirer par son labeur, le pain du jour. Je parle de l'homme libre, qui possède son temps et sa vie. Je parle de cet homme de vingt ans qui est né riche, qui est instruit, qui sait l'histoire, qui voit l'état du monde, et dont le cœur n'est pas encore éteint. Il entre dans la vie. Que va-t-il faire? Je ne sais. Mais, à coup sûr, voici ce qu'il ne fera pas. Se tenant humblement et résolument devant Dieu et devant sa conscience, il n'aura point la surprenante audace de dire ceci : « Je ne veux rien ; je « ne crains rien ; et n'ayant autre désir ni autre « crainte, je donne ma vie à la justice et à la « vérité. »

Voilà, dis-je, ce qui me surprend. Quoi ! personne ne comprend ce que veulent dire ces mots : donner sa vie à la justice et à la vérité ! Quoi ! votre esprit n'aperçoit pas le réel et le plein de cette sublime carrière ! Et votre cœur ne conçoit pas cette immense et simple ambition !

Eh bien ! je vous adresse ce livre pour vous

aider à concevoir cette ambition. Je vous aiderai, et vous réveillerai peut-être, en vous disant comment Dieu m'a donné l'idée de cette consécration. Vous, de votre côté, aidez-moi, réveillez-moi ; demandez-moi comment, ayant dans l'âme ces idées et ces germes, je les ai enfouis presque tous et n'ai pas su produire leurs fruits.

II

Mais combien il sera difficile peut-être de me faire entendre !

Nous sommes aujourd'hui, en Europe, cruellement divisés ; divisés par des ignorances incurables et par d'inextricables malentendus.

Tout est nié, tout est affirmé, absolument nié ou absolument affirmé. Les voix se choquent directement et s'éteignent l'une contre l'autre. Et déjà la colère intervient, la foudre s'accumule ; le sombre aveuglement de l'orage et de la colère nous enveloppe, et la lumière de la raison et la sérénité de la justice sont étouffées.

Mais ne pourrions-nous donc nous entendre en un point ? Ne pourrions-nous pas, tous ensemble, nous appuyer sur l'évident principe de l'éternelle morale, de l'infaillible et universelle religion? Être bons les uns pour les autres, être justes les uns pour les autres? Avoir pitié de l'immense multitude qui souffre, et vouloir essuyer tant de larmes? Ne serait-ce pas là le point incontesté? N'est-ce pas là l'évidence morale et la vérité nécessaire? N'y aurait-il pas là une base inébranlable, un point de départ simple, solide et accepté de tous?

Je l'espère, voilà par où commencera le retour à la paix, à l'union, à la force que donne l'union et aux miracles que produit la force des hommes unis.

Oui, nous nous unirons dans une immense pitié pour les souffrances du monde, et dans l'espoir et dans la volonté de les guérir.

Oui, la vérité se démontrera de nouveau, pour produire de nouveaux grands siècles. Elle se démontrera, non plus par des discours, mais bien par des miracles. Les discours sont usés. Jésus démontrait sa doctrine en guérissant les hommes et en multipliant les pains. La vérité réelle et incarnée veut, aujourd'hui encore, se démontrer en guérissant les peuples et en multipliant la vie dans toute l'humanité.

Il y a là un nouveau principe d'héroïsme et d'enthousiasme que Dieu veut inspirer à notre siècle. Ouvrons nos cœurs et nos esprits à cette inspiration et à cette force.

N'est-il pas temps de commencer les grands changements, les vraies révolutions, et d'imposer aux nations elles-mêmes les lois de Dieu? Tu ne tueras pas! Tu ne déroberas pas! Pourquoi ces lois, évidemment divines et nécessaires, n'atteignent-elles que les hommes isolés, mais non pas les hommes rassemblés? Pourquoi les peuples sont-ils ligués contre les lois de Dieu? Comment un peuple dont la législation condamne le misérable qui vole un peu d'argent continue-t-il à s'organiser pour le pillage du globe?

C'est en présence de ces questions que je vous dis, à vous qui voulez être clairvoyant et courageux, ces mots de la sainte Écriture : « Prends de la force, et deviens un homme. » Pourquoi? Pour faire triompher sur la terre les évidences morales qui maintenant nous pressent. Deviens fort pour imposer au monde la raison et la loi de Dieu. Sois homme pour oser dire : « Au nom de Dieu, il faut que le désordre
« cesse. Je le veux. J'y mettrai ma tête s'il le
« faut. »

Oh! pourquoi le courage moral et religieux existe-t-il à peine? Est-ce la force de sacrifier sa vie qui manque à l'homme? En aucune sorte. Parmi nous, qui n'a pas cet atroce courage des batailles, toujours prêt à marcher, sans hésiter, au-devant du fer et du feu? Nul ne refuse de s'élancer contre la mort la plus épouvantable. Nul ne recule. Les enfants y vont comme les autres. Tout homme que soutiennent une patrie et l'honneur sait mourir. O sublime beauté du courage! Grandeur, noblesse et majesté du genre humain! Voyez, par ce sublime côté, si l'humanité n'est pas belle! Voyez si l'homme n'est pas une force dont la grandeur est encore inconnue!

Que sera-ce donc quand cette force immense, cette incalculable puissance du courage qui sacrifie la vie, s'appliquera, non plus à l'extermination guerrière, tradition du vieux monde païen, mais à la protection de l'ordre et de la justice sur la terre, et à la réunion des peuples sous l'unité de la loi de Dieu?

Nous avons commencé à régner magnifiquement sur la matière par la puissance des lois physiques enfin connues et appliquées. Commençons maintenant, par la puissance des lois morales éternellement connues, à régner sur nous-mêmes et sur le genre humain. On peut, on doit faire triompher dans l'ensemble la loi morale et la justice. On peut s'entendre pour réprimer par toute la terre ceux qui volent et qui tuent, hommes ou peuples. On peut marcher vers l'union croissante des hommes et des nations. Voilà le but. Voilà la terre promise! Heureux ceux qui ne cessent d'y croire et d'y marcher!

C'est dans ce but et dans cette foi que je vous dis : Sois bon! Prends de la force, et deviens homme!

CHAPITRE II

I

Mais pour comprendre ce plan de vie, et surtout pour oser l'entreprendre, il y a une première condition fondamentale qu'il faut remplir.

Il y a un obstacle à vaincre. Il y a comme une chaîne qu'il faut briser.

Cette chaîne, c'est l'illusion universelle qui nous attache à la vieille surface de ce monde tel qu'il est.

Cette chaîne, c'est l'amour de l'argent!

Mais, comme il est presque impossible de faire entendre ceci à aucun homme, il faut que je vous expose en détail par quelle voie et par quel bonheur il m'a été donné, dès ma jeunesse, de parvenir à comprendre ce point.

Écoutez, je vous prie, cette histoire de la meilleure heure de ma vie.

J'étais alors un écolier de dix-sept ans, qui venais d'obtenir, en mon collège, beaucoup d'honneurs, et en étais ravi de joie. Plein d'espérance, libre de toute souffrance et de toute peine, et d'ailleurs très ami du travail, j'étais heureux de vivre. Et c'est pourquoi un soir, au lieu de m'endormir, — je vois encore cette cellule du dortoir, — voici que je me mis à méditer sur mon bonheur.

Or, cette rêverie fut, sous une forme très simple, presque banale, le plus grand événement de ma vie. Je n'étais qu'un enfant. Une heure après, j'étais un homme.

Je récapitulais mes succès récents, et j'en méditais de plus grands pour l'année où j'entrais et pour celle qui suivait.

Je croyais voir ces dernières années s'achever dans un travail vigoureux et fécond. Je voyais croître peu à peu les forces de mon esprit, je sentais le talent venir.

Je sortais du collège et commençais, toujours dans ma vision, — d'autres études qui préparaient ma carrière supposée. Dans ces études et cette carrière, j'espérais parvenir aux succès les plus éclatants.

Cependant l'orgueil juvénile se mêlait aussi de prudence et de raison. Je voyais cette énorme foule de concurrents que la lutte acharnée des concours m'apprenait à ne pas mépriser. Mais, ayant déjà entrevu que le noyau des amis du travail diminue vite à mesure qu'on avance dans la vie, je mettais ma confiance dans un travail toujours plus énergique, et j'arrivais ainsi aux premiers rangs. Puis, loin de m'enfermer dans l'étroite enceinte d'une carrière, je prétendais à toute la gloire que peuvent donner les lettres. Ici venaient encore des travaux, des succès, dont j'apercevais en esprit tous les détails, et dont je sentais toutes les joies.

La forme venait par surcroît, solide, surabondante, tout honorable, fruit du travail et de la gloire.

Puis se déroulait un tableau d'une grande beauté.

Je voyais une splendide demeure, au milieu d'une splendide nature; mon père et ma mère bien-aimés y vivaient près de moi.

Puis la grande lumière du tableau, l'âme de la gloire, de la nature, de la fortune, l'être idéal, rêvé depuis la première heure de l'adolescence, apparaissait dans la splendeur de sa beauté, dans la surnaturelle puissance de l'amour le plus pur, le plus fort et le plus religieux qui fut jamais.

Tous ces tableaux vivaient devant mes yeux. Dieu même, je crois, donnait en ce moment à mon esprit une force créatrice. Je sentais et palpais la vie. Je résumais des jours et des années en un instant. J'en tenais la substance, j'en sentais les délices, avec une force, une ivresse, une vivacité que la réalité n'a point. Je vis ainsi se dérouler, jour par jour, année par année, dans le plus bel ensemble et les plus riches détails, une vie comblée de tous les biens dont l'homme peut jouir sur la terre. Et la vie avançait, toujours plus belle et plus remplie, à mesure que mes années se déroulaient et se comptaient.

Et, en effet, je comptais mes années. J'allais de la jeunesse à la virilité, et puis à la maturité, et ces années de la maturité s'accumulaient.

Tout à coup j'aperçus, avec une vive tristesse, qu'à l'âge où je me voyais parvenu, mon père dépassait de bien loin les limites ordinaires de la vie. Mon père mourait, et j'étais à son lit de mort.

Ma mère, ma mère presque adorée, survivait jusqu'à l'âge le plus avancé. Mais enfin, elle aussi mourait. Abreuvé de douleur, je lui fermais les yeux.

Ma sœur et mes amis, peu à peu, suivaient la voie commune et me quittaient.

Mais voici qu'à son tour, la noble et belle compagne de ma jeunesse, l'âme de ma vie, entrait dans son hiver, recueillait ses rayons et se préparait au départ. Lui survivrais-je aussi? Oui, elle aussi mourait. La voilà froide et morte sous mes yeux.

Épouvanté et brisé de douleur, je serrais mes fils dans mes bras. Ils étaient hommes depuis longtemps. J'étais moi-même fort avancé dans la vieillesse. Leur survivrais-je encore? Hélas! ma vie est inépuisable! Je m'endurcis et je me dessèche sans mourir. Comme le tronc vidé d'un vieil arbre, je dure par mon écorce, et je vois, en effet, mourir mes fils.

Me voilà seul, sans branches ni rejetons, mais je végète encore un peu. Enfin mon heure arrive, et je suis sur mon lit de mort.

Oui, le moment viendra où je serai étendu sur un lit, je m'y débattrai pour mourir, et je mourrai.

En ce point de mon rêve éveillé, Dieu, qui

voulait me faire traverser en une heure toute la vie et la mort, donnait de plus en plus à ma pensée la puissance créatrice. Ce que je pensais s'opérait.

Je voyais intuitivement toutes ces choses. Je les éprouvais toutes. Et tout était plus vif que la réalité. Il m'est impossible de dire avec quelle vérité je vis la mort. La mort me fut montrée, dévoilée et donnée. Je ne pense pas qu'à mon dernier moment je doive la voir et la sentir, comme je l'ai goûtée à cette heure.

Tout est donc fini! m'écriai-je. Tout est anéanti! Père, mère, sœur, amis, anéantis! Bien-aimée de mon âme, compagne de ma vie heureuse, anéantie! Êtres chéris, issus de mon sang et du sien, anéantis! Moi-même je disparais. Plus de soleil! Plus de monde! Plus d'hommes! Plus rien!

J'ai passé dans la vie un instant. Je vois encore mes années d'enfance! Mon berceau, je le touche de mon lit de mort. Certes, il n'y a pas loin de la naissance à la mort la plus différée. C'est un seul jour, ou plutôt c'est un rêve. Les antiques et banales assertions des moralistes sont la vérité pure.

Voilà la vie! Tous les hommes naissent et meurent ainsi, depuis le commencement du monde jusqu'à la fin. Les générations se succèdent, passent en courant, et disparaissent.

Et je voyais, dans une lumière et sous des formes que rien n'effacera de ma mémoire, je voyais les innombrables multitudes, depuis le commencement des siècles jusqu'à la fin, passer, passer comme des troupeaux qui vont à la boucherie sans le savoir.

Et puis je les voyais couler comme les flots d'une rivière qui approche d'une grande cataracte et d'un abîme. Tous les flots y viennent à leur tour, ils tombent, mais pour rester sous terre et ne plus revoir le soleil.

Je voyais, dans ce fleuve, de petits flots surgir et jaillir un instant, et, pendant la durée d'un clin d'œil, refléter un rayon de soleil, puis se ternir et s'enfoncer. Ce flot, c'est moi. Ceux qui ont lui tout à côté, ce sont les êtres que j'ai aimés. Mais tous sont déjà sous la terre et dans l'ombre.

A cette vue, j'étais immobile et comme cloué par l'étonnement et la terreur.

Mais que signifie tout cela? m'écriai-je.

Pourquoi les hommes ne font-ils pas une ligue pour chercher avant tout l'explication de cette affreuse énigme et pour transformer tout cela? Personne ne s'en inquiète! On passe sans s'informer de rien. On vit comme les moucherons qui bourdonnent et qui dansent dans un rayon de soleil. A quoi servent ces apparitions d'un instant, au milieu de ce fleuve qui passe? Pourquoi passe-t-on? Pourquoi est-on venu? A quoi bon tout ce qui existe?

J'étais désespéré pour moi, désespéré pour tous les hommes. Je regardais toujours avec terreur l'abominable et insoluble énigme.

Alors un immense désespoir rassembla mes idées et mes forces pour chercher violemment quelque issue et trouver quelque part une ressource et une explication. Se peut-il que ce soit là tout? Se peut-il que tout soit absurde, inutile et dénué de sens? Les choses ont-elles une raison d'être, et quelle est-elle? Si ce que je vois n'est pas tout, où est le reste? Et à quoi sert ce que je vois? Ne peut-on point briser ce rêve?

Mais je n'apercevais aucune réponse à ces questions.

En ce temps-là, je n'avais aucune religion. Je ne croyais à rien, sinon peut-être à Dieu. J'avais pour le catholicisme toute l'horreur et tout le dégoût qu'ont pu jamais avoir ses ennemis les plus aveugles.

Cependant je me mis à penser à Dieu. O mon Dieu, m'écriai-je, m'entendez-vous? — Point de réponse. Le ciel est sourd et vide. — Et, toujours plus désespéré, j'essayai un nouvel effort.

Bientôt, sous cet effort vraiment immense, tout mon être éprouva comme une vigoureuse contraction, comme un reflux de la vie entière vers le centre.

Il me sembla que j'entrais dans mon âme et que je pénétrais en moi à des profondeurs insondables, que pour la première fois j'entrevoyais. Je crois voir encore aujourd'hui ces étranges profondeurs. Ce que je dis ici ne sont pas des paroles cherchées. Vous devez le sentir. Ce sont des descriptions de faits, qui sont encore et seront toujours sous mes yeux ineffaçablement.

Tout à coup de l'insondable et mystérieux abîme partit un cri perçant, redoublé, déchirant, capable, à ce qui me semblait d'atteindre aux dernières limites de l'univers, de pénétrer et d'ébranler tout ce qui est. Il me semblait qu'en ce fond de mon âme, un être très puissant, autre que moi, donnait à ce grand cri de toute ma nature soulevée une irrésistible énergie. « O Dieu! ô Dieu! criai-je,

« expliquez-moi l'énigme. Mon Dieu, je le
« promets et je le jure, faites-moi connaître la
« vérité; je lui consacrerai ma vie. »

Aussitôt je compris que cet immense effort et ce grand cri de l'homme entier n'avait pas été vain. Je sentis qu'une réponse me viendrait; mais je ne voyais pas de quel côté.

Pourtant cela seul me calma. La vérité doit exister. La vérité existe. Elle est belle, elle répond à tout. Oui, je la chercherai, et je la connaîtrai et lui consacrerai ma vie.

Alors je m'aperçus que j'étais encore au collège dans ma cellule. Mais je n'étais plus un enfant.

Telle est la première partie de l'histoire.

Voici la seconde :

II

Après le grand événement intime qui me fit passer en une heure de l'enfance à la virilité, je demeurai plus d'une année sans tirer de tout ce que j'avais vu et senti aucune conclusion explicite.

Mais la direction morale de ma vie était changée. Je n'avais plus aucune illusion, ni aucune espérance, dans le sens ordinaire du mot. Tout ce qui, la veille, me séduisait était anéanti. Tous les palais, tous les trésors, tous les honneurs du monde, tout le pouvoir, toute la splendeur des rois, toute la gloire des héros, toute celle des lettres, tout cela me semblait puéril. On m'eût en ce moment proposé un empire, que je l'eusse dédaigné. La vie entière me paraissait si stérile et si vide que je pensais parfois à la quitter. J'étais devenu très sérieux, très critique et très fier. Tous les hommes me paraissaient nuls et inintelligents. A mes yeux, la raison n'était chez eux qu'en germe, mais point en exercice. Par toute leur vie, leurs habitudes, leurs mouvements moraux et intellectuels, je les voyais assez peu différents des animaux.

Aujourd'hui, tout cela, sans doute, me semble encore vrai en partie; mais je le sens tout autrement, et d'ailleurs je sais autre chose.

Il serait trop long de vous dire comment je fus ramené de la tristesse critique et de l'orgueil à l'estime et à la poursuite de cet état d'amour et de bonté, qui est l'état où notre Père met l'âme de ceux qui veulent devenir ses enfants. Je ne vous dirai point en ce moment comment je fus conduit à ce que je sais être la lumière. Je me borne à l'histoire de ce bienheureux commencement de mon éducation par Dieu.

Quand j'eus compris que le monde et l'humanité sont perfectibles; que l'état animal du genre humain peut et doit être transformé; que la raison doit cesser d'être en germe, et qu'elle doit parvenir à régner sur le monde; quand je compris qu'il est un règne de la justice et de la vérité qui approche, et dont l'avènement dépend de nos efforts; que la sainte compassion pour tant de larmes et de souffrances ne sera pas toujours stérile; et qu'enfin l'Évangile de Jésus est l'annonce de cet avenir, l'instrument de ces transformations, la loi nouvelle de ce monde meilleur; quand j'ai su contempler en elle-même cette loi de Dieu, et quand j'ai vu, avec une certitude nécessairement et absolument infaillible, que cette loi est la lumière même, la vérité que j'avais demandée : alors, avec une joie immense et un indicible transport, embrassant ma fortune et mon bien de toutes les forces de mon âme, je consacrai ma vie, comme je l'avais juré, à faire connaître, à faire régner cette vérité, espoir de tous les peuples, ressource de tous les hommes dans la vie et la mort.

Mais je vous prie, décidé que j'étais à consacrer ma vie à la vérité seule, — consécration qui était mon bonheur et qui me suffisait, — quel temps pouvais-je donner à autre chose? Il est clair que je ne tenais plus à la vieille surface de ce monde tel qu'il est, ni surtout à son Dieu, qui est l'argent. Je n'avais aucun temps à donner à l'acquisition des richesses.

Et puis, considérant que l'immense multitude des hommes doivent, jour par jour, gagner leur vie en travaillant, et ne possèdent rien dont ils puissent vivre un jour sans travailler, je refusai le privilège et l'exception, et voulus rester pauvre, comme le sont à peu près tous les hommes.

Jésus-Christ est né pauvre, a voulu vivre et mourir pauvre. Il a travaillé de ses mains pendant trente ans pour gagner son pain de chaque jour. Lorsqu'il a cessé son travail pour commencer sa prédication, il n'avait rien; il recevait son humble nourriture de ses amis, ou de la foule qui l'entourait, ou des femmes qui le suivaient pour le servir. Il marchait et passait en bénissant et enseignant, mais n'avait ni terres ni maisons où il pût demeurer. « Les renards, disait-il, ont des tanières, et les « oiseaux du ciel leur nid ; le Fils de l'homme « n'a pas seulement un lieu pour reposer sa « tête. »

Cette parole, je l'avoue, perçait mon cœur de part en part et le remplissait d'enthousiasme. Moi aussi, si j'avais du courage, je pourrais passer en ce monde à la suite de mon Maître en faisant quelque bien, sans jamais posséder un lieu pour reposer ma tête. Et cela me semblait beau et bon. Il me semblait qu'en renonçant à tout, — à ce tout que je connaissais n'être rien, — je gagnais Dieu, la bonté, la lumière, la liberté, et que je recevais en échange le pouvoir de propager la vérité.

Un jour donc, après avoir très mûrement pesé les conséquences les plus cruelles de la pauvreté et de la vie évangélique, je les acceptai librement. Puis, pour donner plus de solennité à l'acte qui allait décider de ma vie, j'entrai dans une église, et là, comme j'étais seul, étendant la main vers l'autel, je fis vœu de ne jamais devenir riche, de ne jamais avoir qu'un but, et de ne posséder qu'un bien, la vérité, et s'il se pouvait, la justice.

Vous comprenez pourquoi je vous dis cette histoire. C'est pour vous montrer, si je puis, comment il faut, au début de la vie, savoir d'abord se mettre en liberté, se dégager de la stérile routine du vieux monde, et garder toutes ses forces pour chercher l'unique nécessaire et l'unique vie permanente et féconde.

En outre, je sais qu'il existe, de plusieurs côtés, un certain nombre d'hommes de cœur, dont la raison est développée, qui aiment, en effet, la justice et veulent se dévouer à son triomphe. J'ai voulu, en me faisant connaître à eux, non pas dans mes inconséquences ni dans mes fautes, dont je demande pardon à Dieu, mais dans l'intention droite et bonne qui, depuis ma jeunesse, a dirigé ma vie, j'ai voulu qu'aucun de ces hommes ne pût douter de mon point de départ et de mon but.

Qu'ils sachent bien que dans toutes ces questions, politiques, sociales, philosophiques ou religieuses, je suis aussi libre de préjugés et d'étroites et mauvaises passions que pourrait l'être un mort. C'est qu'en effet j'ai traversé la mort.

Et puis qu'ils sachent aussi que cette histoire, qui est la mienne, littéralement vraie dans chaque mot, est, à peu de chose près, celle de bien des milliers de prêtres en France et dans le monde entier. Seulement ces généreux et vénérés frères, presque tous, ont su mieux employer que moi le don de Dieu [1].

[1] Tout ce récit, de la plus exacte autobiographie, se trouve dans les « *Souvenirs de ma jeunesse* » publiés après la mort du P. Gratry. (*Note de l'Éditeur.*)

CHAPITRE III

I

Et maintenant, je répète ma question :
Voulez-vous être bon ? Voulez-vous suivre le plan de Dieu ? Voulez-vous consacrer votre vie à la justice et à la vérité ?

Alors le premier pas à faire, c'est de vaincre l'obstacle. C'est de briser la chaîne qui tient captifs les hommes et les nations. C'est d'être libre à l'égard de ce monde tel qu'il est.

Comprenez bien ceci : les hommes, liés par la tradition du vieux monde, et emportés par la pente du grossier égoïsme, se trompent à peu près tous, presque toujours, comme s'ils n'avaient pas la raison. Ils vivent encore pour la plupart, dans une avidité presque animale. C'est là leur chaîne, c'est là le paganisme et l'esclavage toujours vivants.

Il y a, pour l'individu comme pour la société, deux voies, deux buts, deux cultes. Il y a Dieu et il y a l'idole. Et savez-vous, d'après l'Évangile, ce qu'est l'idole? L'Évangile dit qu'il y a deux maîtres qu'on ne peut servir à la fois, et ces deux maîtres sont DIEU ET L'ARGENT. « Vous ne pouvez servir à la fois « DIEU ET L'ARGENT[1]. »

Ainsi donc l'idole, c'est l'argent.

Mais c'est ici que le monde rit de l'Évangile : *ils se moquaient de lui (deridebant illum)*, dit le texte sacré. Et c'est ici que nous-mêmes nous avons besoin de courage pour prêcher l'Évangile et pour répéter la grande loi : « Vous ne pouvez pas servir à la fois DIEU « ET L'ARGENT. » Mais l'Évangile explique la loi, et pose le principe de la science par un seul mot : *richesses d'iniquités*, dit-il, *mammona iniquitatis*.

Donc, ce qui est maudit, ce n'est pas le travail qui accumule des forces représentées par la richesse, mais bien l'iniquité qui les détruit.

[1] Non potestis Deo servire et mammonæ. (Luc, XVI, 13.)

L'argent, cette idole qu'on ne peut pas servir si l'on sert Dieu, c'est le culte des richesses injustes, le culte des richesses pour jouir, culte qui brise en effet les forces du travail, et qui ruine les nations.

En ce sens donc, l'argent est véritablement le grand et universel sacrement de tous les cultes faux et de toutes les idolâtries. Plus que le Destin, plus que Jupiter, il est maître des dieux et des hommes. Il est évidemment maître de Jupiter, dieu du pouvoir; de Mars, dieu de la guerre; de Vénus impudique ou pudique[1]; de Mercure, dieu des voleurs, des vendeurs, des joueurs, et aussi dieu de l'éloquence, c'est-à-dire de la grande foule de ceux qui écrivent et qui parlent. L'argent est donc la grande idole et le sacrement de tout mal, et le grand ennemi de Dieu.

Or, tant que les individus et les peuples ne reviendront pas avec foi au culte du vrai Dieu et ne briseront pas l'idole, tout progrès de chaque homme et du monde est absolument impossible. Aucun triomphe du royaume de Dieu n'est concevable. La justice

---

[1] Je n'ose absolument point citer, sur ce sujet, le mot de Bourdaloue dans son *Sermon sur les richesses*.

et la vérité ne pourront faire un pas de plus.

Fouler aux pieds l'idole, c'est donc le commencement de la vie morale, c'est le principe et la condition absolue de tout progrès de l'homme et de la société.

Ce n'est pas sans admiration qu'en ouvrant l'Évangile je trouve que la première parole du premier discours du Sauveur est celle-ci : « Bienheureux les pauvres, parce que le « royaume du ciel est à eux. »

Ailleurs je lis cette étonnante condamnation : « Il est impossible qu'un riche entre « dans le royaume du ciel. » C'est-à-dire : il est impossible que l'adorateur de l'argent, que l'homme qui n'a pas vaincu cette idole, entre dans le royaume du ciel, dans la justice et dans la vérité, et vienne jamais à la lumière et au bonheur de l'éternelle justice et de l'éternelle vérité.

En effet, ne voyez-vous pas qu'il y a dans toute âme deux choses, la raison et la passion? J'appelle passion cette pente qui nous porte toujours à jouir; et à jouir trop; à fuir le travail pour jouir; à s'abaisser, à se dégrader, à ramper, à mentir, à tromper, à voler, à tuer pour jouir, et pour atteindre le grand et universel sacrement de toutes les jouissances, l'argent. Tel est le culte de l'idole. Mais, je vous prie, qu'est-ce que gagnent ces païens dans leur abominable culte? Évidemment tous les maux physiques et moraux.

La science et l'expérience nous disent qu'il y a, dans le cœur et le sang humain, un instinct avide et furieux, une faim, une soif de joie, qui ne cesse de nous emporter. La science ajoute que celui qui se livre à cette pente tue son corps. Celui-là marche vers toutes les maladies, vers la vieillesse précoce et vers la mort avant le terme.

Presque tous les hommes courent ainsi prématurément vers la mort. Et c'est pourquoi la science ajoute : « L'homme ne meurt pas, il « se tue. »

Mais s'il tue résolument son corps, est-ce qu'il ne tue pas son âme encore plus vite? Qu'est-ce qu'une âme sans dignité, sans vérité, sans force contre la passion, une âme où règnent une bassesse incurable, une soif continue de jouir, le féroce égoïsme, et le mépris du droit d'autrui et de la vie d'autrui, quand il s'agit d'argent pour soi, de joie pour soi?

Évidemment tous les hommes naissent dans

la passion, dans la pente vers soi contre tous, dans ce besoin du mauvais feu des jouissances qui brûlent la vie, consument le corps et l'âme, et nous portent vers la décadence continue, vers toute souffrance pour nous et autrui.

Mais, grâce à Dieu, il y a dans nos cœurs et dans nos âmes une autre force. C'est celle que j'appelle ici la raison. Je parle de la vraie raison, de l'éternelle raison ! La raison, dis-je, parlant dans la conscience, est la force qui lutte contre la décadence, qui remonte le courant du mal et brise l'obstacle quand il le faut. Le travail, le courage, l'espérance, la vertu, la justice pour autrui, la victoire sur le lâche et cruel égoïsme, la tempérance, la dignité, la croissance de l'esprit vers la sagesse et la lumière, et celle du cœur vers la justice et la bonté, voilà ce que j'appelle l'effort, dans la conscience, de la raison bénie de Dieu.

N'est-il pas évident que l'obstacle à tout bien et à tout progrès, c'est la pente cupide à jouir et à posséder ? L'obstacle, c'est cette avidité d'esprit et de cœur que l'on peut appeler d'un seul mot l'esprit de lucre ou l'amour des richesses. Mais au contraire, la force régénératrice, le ressort du progrès, le bien moral, c'est manifestement cet esprit de sobriété, de désintéressement, de dignité, de vigueur contre l'égoïsme, que l'on peut appeler d'un seul mot : « l'esprit de pauvreté ».

Dès lors, comme le dit l'Évangile, il est impossible qu'un riche entre dans le royaume du ciel, et, d'un autre côté, il est évident que : « Bienheureux sont les pauvres, car le royaume « du ciel leur appartient. »

L'esprit de pauvreté est le sel de la terre. C'est l'unique voie de cette transformation des sociétés que Dieu veut aujourd'hui. C'est la seule force qui puisse accomplir la mission de l'homme sur la terre, savoir : Mettre en ordre le monde, et disposer le globe terrestre dans l'équité.

II

Mais entendons-nous bien sur ce qu'il faut nommer « l'esprit de pauvreté ». C'est le premier point à connaître et à pratiquer en tout temps, mais aujourd'hui surtout. C'est, comme je vous l'ai dit, LE PREMIER MOT DU PREMIER DISCOURS DE JÉSUS.

Il y a, me dit-on souvent, il y a quelque chose qui sonne faux, et qui jamais ne sera vulgairement accepté dans cet axiome qui est l'axiome chrétien, savoir : « Être misérable en « cette vie pour être heureux dans l'autre. »

Je vous réponds : Ce mot que vous nommez l'axiome chrétien, n'est pas chrétien, il est absurde. Or, l'Évangile est, partout et toujours, la raison même. L'Évangile dit : « Celui qui renonce à tout, trouve tout, au centuple, même en cette vie[1]. » Il dit encore : « Les pauvres et les doux posséderont la « terre. » Et saint Paul dit : « Notre loi est « utile à tout, et à la vie présente et à la vie « future. »

Mais qu'est-ce donc alors que cet esprit évangélique de renoncement, de détachement, de pauvreté? Le voici : On ne peut servir Dieu et l'argent. C'est Dieu qu'il faut servir, non l'argent. Il faut préférer à l'argent la justice, la vérité, l'honneur, la vertu, la morale, la dignité, la liberté. Est-ce douteux? Il faut encore lui préférer la science, l'art, la sagesse, le travail, et quand il faut choisir, on doit résolument fouler aux pieds l'argent, et choisir la justice. Voilà ce qui est bon. Encore une fois, est-ce douteux?

[1] Marc, x, 29 et 30. Nemo est qui reliquerit... Qui non accipiat centies tantum, NUNC IN TEMPORE HOC.

Pensez-vous, ô mon fils, que le chrétien, lorsqu'il choisit sa voie avec conscience et liberté, se dise jamais : « Je serai misérable en « cette vie pour être heureux dans l'autre ? » Tout au contraire, il doit oser se dire : « Je « voudrais posséder le souverain bien dès « cette vie. » Pour cela, laissons ce qui n'est pas le bien ni le bonheur, et possédons la vérité, source du vrai bonheur.

Mais quoi ! dans la voie commune de ce monde, est-ce donc le bonheur que les hommes poursuivent et qu'ils trouvent ? Mais n'est-il pas visible, tout au contraire, qu'à peu près tous les hommes se trompent, égarés par un aveuglement grossier, par une avidité presque animale ? On se jette comme les animaux sur la matière, et l'on se bat pour prendre les grandes parts.

Assurément, la vie telle que nous l'avons faite ressemble à un festin sauvage, où de grossiers convives s'arrachent les mets au lieu de se les offrir. Ne devrions-nous pas changer cette manière de poursuivre le bien ?

La vie ne pourrait-elle donc pas un jour devenir une agape où chacun offrirait au lieu de prendre ; où celui qui attire à lui prête à rire ; où l'honnête homme trouve bon de n'accepter qu'une part modeste; où, tandis que les petites gens, s'il s'en trouve, s'occupent des mets, les premiers animent le festin par leur grâce et par leur esprit? Je ne vois pas pourquoi la vie entière ne prendrait pas cette forme, cette beauté et cette dignité. Quand on saura comprendre, ce qui est évident, que l'argent et le pain très nécessaires assurément, sont pourtant les moindres des biens, et que, parmi les forces et les biens, l'esprit, la sagesse et la science, et surtout la bonté, le courage, la liberté, l'amour, sont de beaucoup les plus puissantes des forces pour le bonheur présent et quotidien, il y aura, j'espère, parmi les hommes, une plus ardente poursuite des plus grands biens, une plus faible recherche des moindres, et alors le pain et l'argent seront moins grossièrement poursuivis, et moins odieusement partagés.

III

Vous le voyez, l'unique moyen de donner au monde un élan, c'est de briser en votre cœur l'idole, l'idole de tous les temps et de tous les lieux, et de comprendre le premier mot du premier discours de Jésus : « Bienheureux ceux qui ont l'esprit de pauvreté. »

Mais, pour parler précisément : qu'est-ce donc que la pauvreté?

La pauvreté, ce n'est pas la misère, ce n'est pas l'indigence, c'est la vie quotidienne conquise par le travail.

Ainsi définie, la pauvreté manifestement est chose sainte et sacrée; que tous nous devons respecter, estimer et chercher.

En effet, si Dieu notre Père bien-aimé, qui nous gouverne par sa Providence, nous avait mis, tels que nous sommes, dans un monde riche, — ce monde est pauvre, et Dieu fait homme a voulu être pauvre aussi; — s'il nous avait placés dans un monde opulent, évidemment nous étions tous perdus. Qu'eût été pour nous un tel monde, qui eût spontanément offert à nos besoins, à nos désirs, tout ce qu'ils demandaient? C'eût été un monde sans efforts, sans travail, sans courage, sans héroïsme et sans génie, sans rien de ce qui constitue l'homme, et encore moins l'enfant de Dieu. Il n'y aurait eu sur une terre ainsi faite ni hommes, ni fils de Dieu.

Donc notre Père nous a mis dans un monde vigoureux, dans une dure école, dans un monde pauvre, où son fils bien-aimé peut développer son âme, son cœur, son génie et son héroïsme.

Un monde sans lutte, sans obstacles, sans danger et sans mort, n'eût fait de nous qu'une race méprisable. Mais le monde où nous sommes fait des âmes fortes, qui ont l'effort, la constance, l'énergie, le courage et le dévouement, tout ce qui est beau, digne et glorieux.

Voilà la pauvreté : elle est la maîtresse du travail et de l'effort, la mère de toute vertu. Elle est l'institutrice du genre humain.

Or, il y a des hommes, ceux que l'Évangile nomme les riches, et dont il dit : Malheur aux riches! Il y a des hommes qui méprisent ces grands biens, et dont la vie est un perpétuel souci pour fuir la pauvreté, c'est-à-dire le travail, c'est-à-dire l'effort qui développe, le courage qui lutte, qui affronte le danger, et qui dompte l'obstacle.

L'homme a été placé sur cette terre pour la garder, la défendre et la cultiver. C'est évident.

Or, il y a des hommes qui s'abstiennent de ce travail et de ce combat.

Vous qui lisez ces lignes, vous qui êtes

riches, qui n'avez jusqu'ici vécu que pour jouir, qui perdez votre vie dans l'immoralité, dans l'inutilité, je vous le demande, est-ce là le rôle que, définitivement et après réflexion, vous acceptez? Vous mettre, pour vous garantir, derrière la masse qui combat et qui meurt?

Mais je vous prie, lorsqu'il y a une guerre visible, avez-vous peur et fuyez-vous? Certes, quand il y a du fer et du feu à braver, vous marchez devant les soldats sans qu'aucune conscription vous oblige. Vous êtes les premiers au danger, et vous trouveriez fort étrange qu'un soldat prétendît vous couvrir de son corps. Vous êtes braves, vous êtes généreux, vous êtes courageux, vous êtes nobles!

Mais alors pourquoi vous enfouir dans la honte, la désertion, la trahison, quand il s'agit de cette milice universelle et nécessaire, qui est la vie? Savez-vous donc ce que vous faites, vous qui tenez en main l'argent, c'est-à-dire l'arme ou l'instrument; vous qui avez, par cela même, entre les mains, la force de cent ou de mille hommes; qui, à vous seul, êtes une légion par l'or dont vous êtes armé? Voici ce que vous faites : pendant le combat même vous désertez, et alors vos frères sont vaincus. Les chefs désertent, ceux qui sont bien armés s'en vont ; alors la pauvreté qui était un ressort et une force, la pauvreté se transforme en misère, en faiblesse, en dénûment, en esclavage, et l'homme vaincu meurt par la faim.

O riches, comprenez-vous bien maintenant ce qu'est la pauvreté? Comprenez-vous enfin qu'elle est l'universel devoir, puisqu'elle est le travail, la lutte et l'effort quotidien? En ce sens, tout homme doit vouloir être pauvre et se faire pauvre, car c'est en ce sens qu'il est dit : « Malheur aux riches ! » Comprenez-vous aussi ce qu'est en elle-même la richesse, et ce qu'est la propriété? Comprenez-vous que la propriété est le salaire de cent ou de mille ouvriers, donné d'avance à un chef de travail? Et ce chef de travail doit compte à Dieu de l'emploi des salaires, comme il doit compte, en outre, ainsi que tous les autres, de l'emploi de sa vie.

Et de ce point de vue, quand on prêche le mépris des richesses, ne pourrait-on aussi, et pour arriver au même but, prêcher l'estime, le respect de l'argent? Qu'est-ce donc que l'argent, et d'où vient-il? L'argent, c'est du travail accumulé, c'est du temps, c'est de la vie humaine, c'est du sang, des sueurs et des larmes. Voilà ce que vous tenez en vos mains. Qu'en ferez-vous?

Ne voyez-vous pas en ce point tout l'Évangile et tout le jugement de Dieu?

L'Évangile appelle riche, riche maudit celui qui, tenant en sa main ce sang, ces larmes qui d'ordinaire ne sont pas les siennes, les prostitue, les répand pour jouir. L'Évangile appelle pauvre, *pauvre d'esprit*, celui qui, sachant ce qu'il tient en sa main, respecte ces biens sacrés, et ne les donne qu'au salut des hommes et au progrès du monde. Et je comprends alors que la morale, comme l'Évangile, se résume en une seule question : Que ferez-vous du sang de l'homme et de ses larmes? Consécration? Profanation?

CHAPITRE IV

I

Oui, nobles cœurs, vous comprenez ces choses, et, je l'espère, vous les aimez. Vous voulez la justice, et vous sentez que vous pourrez aimer votre devoir dans cette lutte héroïque qui est la marche de l'humanité vers son but. Vous comprenez ce qu'il y a d'honneur et de vraie gloire à marcher parmi les premiers et à conduire les autres avec courage vers la terre à venir d'un siècle meilleur et plus heureux.

Peut-être même avez-vous dans le cœur un de ces impétueux courages, capables de tout oser et de tout sacrifier pour renverser l'obstacle et parvenir au but.

Dans ce cas, il est une vertu qu'il faut joindre au zèle de la justice : c'est la sagesse.

Si vous voulez, par vos efforts, devenir un soldat du progrès, un ouvrier de la justice, il faut au désintéressement et au courage, qui est la première condition, unir cette sagesse paisible et lumineuse qui voit clairement l'œuvre et le but, qui ne produit que des efforts vrais, ne s'agite pas dans la violence, et n'arrache pas le blé pour arracher l'ivraie.

Parlons plus clairement. Si vous voulez aujourd'hui travailler au bien des hommes, il vous faut renoncer d'abord à la grande maladie mentale de notre époque, savoir : la manie aveugle et farouche qui renverse et qui brise.

Tout briser pour tout reconstruire sur un plan tout nouveau, tel est, au milieu de nous, depuis bientôt un siècle, le risible, cruel et criminel effort du zèle ignorant et farouche de la grande foule des insensés.

Si vous ne savez pas vous dégager absolument de cette folie stupide, vous pouvez beaucoup pour le mal, mais vous êtes impuissant pour le bien. Vous n'essuierez pas une seule larme, vous en ferez couler beaucoup.

II

Ami, quand j'étais jeune et ignorant, mais déjà décidé à travailler pour la justice, j'ai eu d'abord aussi ce zèle amer, sombre et stérile, qui veut tout arracher et qui blasphème le bien présent, faute d'en comprendre la grandeur.

Écoutez : voici un mystère que j'ai bien longtemps ignoré, aveuglé que j'étais par la folie du siècle. Ce beau mystère, je n'en vois la splendide clarté, je vous l'avoue, que depuis peu de jours.

Le voici : c'est qu'en toutes choses, Dieu a beaucoup plus fait pour nous que nous ne le savons.

Nous sommes plus près de tous les biens que nous ne pouvons le soupçonner ! Nous ne sommes séparés du ciel et de la terre promise que par un obstacle moral que la liberté peut briser.

Tout est donné, mais l'homme ne sait pas encore prendre.

Notre aveugle ignorance, notre tristesse ingrate ne savent pas voir, que, dans tous les ordres de choses, même dans l'ordre social, Dieu nous donne tout.

« Si vous saviez le don de Dieu[1] ! » dit l'Évangile : parole universelle, vraie toujours et partout.

« Cette terre est sainte, » s'écrie le patriarche dans sa vision, « et moi, je l'ignorais[2] ! » Oui, nous ignorons presque tous ce qu'il y a de saint et de sacré dans le monde présent tel qu'il est.

La vie des hommes sur terre n'est pas plus livrée au hasard que celle de la nature, ou que la vie des astres.

La bonté de Dieu donne tout germe, et ses saintes lois providentielles travaillent à tout développer.

Que manque-t-il donc ? où est le mal ? où est l'obstacle ? Le voici : c'est notre aveuglement et notre iniquité ! l'aveugle iniquité ! Il n'y a que cet obstacle unique, que ce seul ennemi à combattre pour que tout bien se développe.

Tout le travail humain se résume dans cette divine et merveilleuse parole : « Cherchez « d'abord le royaume de Dieu et sa justice, « et le reste vous sera donné par surcroît. »

---

[1] Si scires donum Dei. (Joan., IV, 10.)
[2] Locus iste sanctus est, et ego nesciebam. (Gen., XXVIII, 16.)

Oui, tout le reste sera donné, ou plutôt tout n'est-il pas déjà donné ?

III

Ah ! si vous saviez le don de Dieu ! La grâce de Dieu est donnée à tous, dès l'origine. Dieu verse son soleil et sa rosée, dit l'Évangile, sur les méchants comme sur les bons. Otez l'obstacle de l'injustice, et l'esprit de Dieu remplit l'âme.

Ce que le dogme enseigne de la grâce et de l'esprit de Dieu est vrai de toutes les sources de la vie.

Le pain du corps nous est donné. La chaleur est donnée à nos membres, la lumière à nos yeux. Les germes sont donnés à profusion au vaste sein de la nourrice du genre humain. L'eau, l'électricité, la lumière, la chaleur, la fécondité lui sont versés à flots.

Le lait maternel est donné aux lèvres de l'enfant, dès qu'il peut l'attirer et le prendre; et quand il ne pouvait rien prendre, le sang lui-même était donné, le sang providentiel et maternel coulait en lui sans lui.

Et, quant à la lumière de la raison, elle

illumine tout homme venant en ce monde. La vérité aussi nous est donnée; la certitude nous est inoculée; mais l'inquiétude ingrate et sophistique de nos esprits s'en dégage et s'échappe; et la réflexion maladroite et défiante, par je ne sais quel aveugle effort, parvient au doute et à l'erreur[1].

Pourquoi Dieu n'aurait-il pas fait pour le cœur et pour l'esprit de l'homme ce qu'il a fait manifestement pour son corps?

La vraie sagesse est donnée dans ses bases nécessaires; et les sophistes qui cherchent à créer le commencement de la sagesse sont d'inintelligents ingrats.

La vraie religion est donnée, et, s'il est évident que l'homme ne vit pas seulement de pain, mais de toute parole qui sort de la bouche de Dieu, j'en conclus que la parole de Dieu est au milieu de nous, aussi bien que le pain : je dis qu'elle couve le monde, et

[1] Les anges des petits enfants, dit l'Évangile, voient sans cesse la face du Père qui est au ciel. N'est-ce pas dire qu'un lien de lumière rattache à Dieu toutes les âmes innocentes? Et quand Jésus-Christ parle de ces petits qui croient en lui, ne semble-t-il pas nous apprendre que les âmes innocentes des enfants, comme elles ont la raison implicite, ont aussi la foi implicite et le germe de l'éternelle lumière?

qu'elle atteint, explicitement ou implicitement, tous les hommes. La religion est vraie. Il n'y a qu'une seule religion. C'est celle qui est entière, universelle, de tous les temps et de tous les lieux. Oui, la vraie religion est au milieu de nous, richement répandue, comme les bienfaits de la nature. Oui, Dieu même s'est donné. Oui, le céleste idéal, le bien suprême qu'appelle tout cœur et que rêve tout esprit, c'est-à-dire Dieu, Dieu s'offre à nous, s'incarne, s'unit à l'âme et à l'esprit, s'unit à l'homme entier, se donne à respirer comme l'air[1], se distribue en nourriture et en breuvage : sang immortel de la vie à venir, qui, dans cette vie terrestre, pénètre en nous sans nous, — comme dans la vie préparatoire, antérieure à notre naissance, le sang providentiel et maternel entrait en nous sans nous.

Et, de nos jours surtout, les biens nous sont donnés jusque dans les détails du luxe. Sans parler des merveilles et des beautés de l'art, la vraie science aujourd'hui est à nous. D'immenses régions de vérités merveilleuses et fécondes sont accessibles à tous. L'immense domaine des sciences mathématiques

---

[1] Spiritus oris nostri Christus.

offre à l'esprit humain un monde indéfini d'affirmations, applicables à la domination de la nature. La forme du ciel visible est connue dans le détail de ses mouvements et dans le principe de ses lois. On calcule la distance des astres : on sait leur poids. Puis enfin viennent les merveilles contemporaines des applications de la science, et, avant tout, l'espace vaincu par l'homme, et le genre humain ramené à n'avoir plus qu'une seule demeure, où bientôt tous les hommes pourront s'entendre comme dans une assemblée.

IV

Et, après tout cela, les amis de l'humanité, les cœurs altérés de justice, ceux qui contemplent la charité humaine, et qui, comme Jésus-Christ lui-même, pleurent à la vue de ses souffrances, ces âmes généreuses, lumineuses entre toutes, ne soupçonneraient pas que là aussi, je veux dire dans l'ordre social, d'innombrables biens sont donnés, et que de puissantes et saintes lois vivent et travaillent pour le riche développement de ces biens! Ils ne soupçonneraient pas que le mal, que l'obstacle, c'est notre aveugle ingratitude qui ne voit pas les biens, n'en comprend pas les germes, et foule aux pieds les lois! Ils n'auraient pas la joie de découvrir que notre tâche est simple : anéantir l'obstacle de l'injustice, c'est-à-dire pratiquer simplement, d'homme à homme, de peuple à peuple, de gouvernant à gouverné, les grandes lois morales nécessaires, éternellement connues, sensibles à toute conscience, visibles à toute raison! Ils ne comprendraient pas enfin qu'en cherchant la justice toute seule, tout est donné ou nous sera donné!

O ami! entendez donc bien, avec la sainte et pleine logique du cœur, avec la saine raison de la nature non mutilée, que, puisque vous avez trouvé dans ce monde, en y venant, cette merveilleuse création de Dieu, la famille, et, par l'amour paternel et la providence maternelle, la vie donnée à ce qui n'était pas, entretenue et suppléée en ce qui ne pouvait pas, par cela seul il est certain qu'il y a une éternelle et toute-puissante paternité, pour tous les hommes unis, aussi bien que pour l'homme isolé.

Il y a une paternité, une famille, une patrie invisible qui veille sur nous, nous, c'est-à-dire toute l'humanité; famille qui d'abord nous donne tout, sans nous, et qui développe tout ensuite, avec nous et par nous, si nous n'y mettons pas d'obstacle et si nous voulons travailler.

V

Espérons, ô mon frère, que cette sérénité de regard qui voit ces choses va se joindre à votre zèle et à votre courage. L'homme et le monde, en s'élevant, marchent de la terreur à la confiance, en même temps que de l'aveuglement à la lumière. La lumière montre la beauté des choses que cachaient les ténèbres. Un des vices trop peu remarqués de la nature humaine, c'est l'esprit de blasphème, cet esprit qui dénigre, qui voit noir et qui parle noir. « Si vous « avez la vie nouvelle, dit saint Paul aux chré- « tiens, déposez l'aigre levain de la vieille « forme ; colère, indignation, malignité, blas- « phème. » Oui, à mesure que l'homme se renouvelle en Dieu, le blasphème cesse et la reconnaissance vient avec la lumière. L'homme cesse de voir en noir ce jardin de la terre, de blasphémer la vie et son auteur. Peu à peu il découvre l'immense beauté des choses, et dans les biens présents la magnificence des promesses. Gardons-nous de nos impatiences idéales vers la perfection absolue, et du mépris des biens présents et relatifs. Que d'hommes se tuent corporellement par la recherche d'une santé parfaite, par le mépris et par la stagnation des forces suffisantes qu'ils ont, mais qu'ils n'emploient pas! Et, dans la vie des âmes, que d'âmes, au moment où Dieu les inspire, s'éloignent de Dieu, par je ne sais quelle froideur chagrine, sous prétexte d'indignité, en attendant un temps meilleur! Et quand on a perdu, dans l'ingrate inertie, ses forces d'âme ou de corps, on sent qu'alors, avant cette perte, on possédait la vie assez pour conquérir la vie plus abondante. Quant à moi, je sais, par une longue expérience, qu'un des plus grands obstacles de ma vie a été l'ignorance et le dédain du bien présent. On attend un présent meilleur pour l'exploiter, et ce présent meilleur ne peut venir que du présent réel et actuel que l'on délaisse et que l'on détruit. Et les méchants, par leur noir et sinistre esprit, et les bons, par leur impatience exaltée ou par leur inquiétude ingrate, conspirent dans ce dédain.

La vraie sagesse, dans la sérénité, voit autrement. Elle voit dans l'homme et dans le monde trois choses : des germes magnifiques, des lois qui développent les germes, et l'obstacle moral qui les arrête. Elle voit que, en tout, l'état du monde, des peuples et de chaque homme, d'ordinaire, est tout ce que comporte la vie morale qu'on a. Vous parlez d'esclavage ! Êtes-vous capables de liberté ? Soyez capables de liberté, et dites : Que la liberté soit ; la liberté sera, et tout le reste ainsi.

Il n'y a donc pas lieu à la sombre violence qui brise et tue pour arriver à vivifier. Il n'y a pas lieu à détruire la société contemporaine pour la refaire sur un plan meilleur. Il n'y a pas lieu à ces risibles et impuissants efforts de génie fou, d'héroïsme effaré qu'on dépense à créer l'organisation sociale véritable. L'organisation sociale véritable, ô mon frère, bien avant que vous fussiez né, est, depuis l'origine, créée de Dieu et donnée de Dieu dans ses bases essentielles et dans les lois qui la développent ; tout aussi bien que l'organisation de votre corps était créé de Dieu, dans le sein maternel, bien avant qu'il vous fût possible de le savoir et de le vouloir.

Encore une fois, comprenez-le. Ce qui se fait en nous et dans le monde, sans nous ou malgré nous, par la bonté de Dieu et par ses lois providentielles, est toujours beaucoup plus de la moitié de l'œuvre. Nous, nous avons à saisir, à comprendre, à suivre, à obéir et à continuer. Mais surtout, — là est notre grandeur et notre royauté, — nous avons à connaître et à vaincre, par la raison et par la liberté, et par d'héroïques entreprises, quand il le faut, l'obstacle, l'obstacle moral, qui s'interpose entre l'homme et les dons de Dieu.

Donc la morale, la morale absolue, nécessaire, évidente, la justice, en un mot; voilà, dans tous les ordres de choses, la sainte et simple condition de tout progrès et de tout bien.

DERNIER LIVRE

LES APHORISMES
DE
LA SCIENCE DU DEVOIR

CHAPITRE PREMIER

Courage! oui, l'esprit humain marche, et en ce siècle même, il développe une science qui aura sur le monde plus d'influence que n'en a eu, depuis deux siècles, la science des forces de la nature.

Cette science, c'est la science du Devoir.

J'entends par là qu'en ce siècle-ci l'Histoire, la Politique, la Science économique, le Droit, et tout l'ensemble des sciences sociales, se rattachant décidément à l'éternelle justice, tendent à s'unir en une science supérieure, qui sera la science du Devoir.

Et cette grande science, la plus féconde de toutes, démontrera en toute lumière, développera, dans le détail des précisions et des applications, la riche beauté de l'inspiration primitive des consciences, et la divine fécondité des préceptes et des conseils de Jésus-Christ et de l'Église.

La conscience est donnée à tous, en tous temps, en tous lieux, et elle suffit. Chacun sera jugé sur ce qui lui aura été donné. Mais l'homme juste doit travailler, chaque jour, à éclairer sa conscience par la science, et la science doit, par l'effort de la raison et de la liberté, se développer de siècle en siècle.

Le principe de la science est simple : comme en astronomie, l'attraction et sa loi. Mais ses applications constituent la plus variée et la plus étendue des sciences.

Ce principe simple qui est dans la science du Devoir ce qu'est en astronomie l'attraction, on le peut énoncer ainsi : *Assistance due par tout être à tout être.*

Assistance due par tout être à tout être! C'est une autre manière de dire, comme saint Paul : « Toute la loi est dans un seul « mot : Tu aimeras ton prochain comme « toi-même[1]. » C'est une autre manière de dire : « Faites à autrui ce que vous voudriez « qu'on vous fît[2]. » Voilà le principe du Devoir.

Et je laisse à dessein, dans la formule, le mot *être* au lieu du mot *homme*, moins général. Cette étendue sans bornes de l'objet du devoir me rappelle la parole du Seigneur : « Allez dans l'univers entier, et portez à « toute créature la bonne nouvelle[3]! » C'est qu'en effet, le devoir ne va pas seulement de l'homme à l'homme, mais bien aussi à toute la création, à tout être, sans exception.

Le devoir, c'est d'aller au but et d'y mener toute la création. Et nous devons aller au but, qui est l'union des êtres entre eux et avec Dieu, « de toute notre âme et de tout

---

[1] Omnis lex in uno sermone impletur : diliges proximum tuum sicut te ipsum. (Galat., v, 14.)
[2] Omnia quæcumque vultis ut faciant vobis homines, et vos facite illis. Hæc est enim lex et prophetæ. (Matth., vii, 12.)
[3] Euntes in mundum universum, prædicate Evangelium omni creaturæ. (Marc, xvi, 15.)

« notre cœur, de tout notre esprit et de toutes
« nos forces [1]. »

Et je médite avec bonheur l'universalité sans restriction de la formule : « par tout être « à tout être. » Je me souviens de l'insistance avec laquelle saint Paul demande avant tout aux chrétiens d'assister et de porter par l'âme et l'incessante prière « TOUS LES HOMMES ; car « Dieu veut sauver TOUS LES HOMMES, car le « Christ s'est donné POUR TOUS [2]. »

Et ce principe de l'universalité du devoir et de son objet rentre encore dans cette sublime parole : « Chrétiens, vous rendrez compte, « non pas seulement de vous-mêmes, mais « bien du monde entier [3]. »

L'universalité absolue du devoir à l'égard de tout le genre humain, voilà ce qu'il convient plus que jamais, aujourd'hui que le globe est ramené à l'unité, d'inculquer par l'éducation à tout homme venant en ce monde. Pourquoi? Parce que cette vue sublime est propre à décupler dans tous les

---

[1] Diliges Dominum Deum tuum, ex toto corde tuo, et in tota anima tua, et in tota mente tua. (Deut., VI, 5. — Matth., XXII, 37. — Marc, XII, 30. — Luc, X, 27.)
[2] I Timoth., II.
[3] Non de vestra tantum salute, sed de universo orbe vobis ratio reddenda est. (Saint Chrysostome.)

cœurs l'enthousiasme et l'effort. Pourquoi encore? Parce qu'il est plus facile de mettre en ordre le monde entier qu'un seul État ou une seule ville. Les nations ne se sauveront point isolées, non plus que les individus. En ce siècle, c'est *un mouvement de totalité* que Dieu demande au genre humain. Et je répète avec une joie profonde que cette belle science du devoir, nécessaire à ce grand mouvement, Dieu veut, aujourd'hui, la donner à l'Europe dans le détail de ses applications. Cette science n'était encore que dans sa tige, maintenant voici les rameaux et les fruits. Notre Maître disait : « Si vous conservez ma parole, vous « connaîtrez la vérité. » Oui, la parole évangélique, vérité implicite complète, conservée dans le monde chrétien, a fructifié ; et nous arrivons aujourd'hui à la lumière visible, à la connaissance scientifique d'une partie de cette vérité.

Dans ce chapitre intitulé *Aphorismes de la science du Devoir*, je veux essayer d'énoncer en résumés succincts, mais non pas secs, les résultats scientifiques principaux auxquels, dans l'ordre moral, l'esprit public des peuples européens parvient ou sera parvenu, j'espère, avant un siècle.

I.

Voici donc le principe simple de la science du Devoir : *Assistance due par tout être à tout être.*

II

L'accomplissement du Devoir, dans le sens plein du mot, c'est l'effort de l'homme tout entier pour porter toute la création à son but.

III

L'effort de l'homme entier, l'acte de l'âme totale, en style évangélique, qui est le style de Dieu, se nomme AMOUR. C'est pourquoi il est dit : « Tu aimeras le Seigneur ton Dieu « — qui est le but et la fin des êtres — de « toute ton âme, de tout ton cœur, de tout « ton esprit et de toutes tes forces. » L'acte d'amour, l'effort pour assister, c'est l'opération générale de l'âme dans la lumière et dans la liberté. Amour n'est pas passion, mais acte d'âme.

IV

L'amour, comme le pose la divine formule, doit être *l'amour du prochain*, c'est-à-dire que l'effort pour assister tout être doit suivre la hiérarchie des devoirs. La règle donc, c'est d'aller *au plus près;* d'aimer dans la proximité, comme l'attraction attire sous la loi des distances. Mais entendez-le bien.

V

L'homme se doit au prochain d'abord. Mais qui est mon prochain? demandait-on au Christ. Et le Christ répondait que le prochain, c'est l'homme que vous trouvez blessé sur le chemin.

VI

Mais la règle d'aimer le prochain est absolue dans son énoncé et métaphysiquement rigoureuse. L'effort pour assister ou pour aimer est véritablement réglé par la loi de proximité; proximité non pas physique, mais morale et métaphysique. D'après cette règle, l'amour bien ordonné commence par Dieu, qui m'est plus intime que moi-même; puis il descend à moi, qui suis d'abord responsable de moi; puis ensuite il s'étend au prochain qui me touche, et puis à la patrie, et puis au genre humain.

VII

Oui, certes, le premier de tous nos devoirs, c'est d'aimer Dieu par-dessus toutes choses. Oui : *servir Dieu*, le mot est bon. Je dirai même *assister Dieu :* car le Verbe incarné nous dit : « C'est moi-même que vous assis-« tez. » *Et mihi fecistis.* Assister Dieu ! c'est le mot de saint Paul. « Nous aidons Dieu ! » *Dei adjutores sumus.* Oui, aider Dieu, c'est-à-dire lui ouvrir les âmes, la mienne d'abord, et puis les autres; le faire entrer dans tous les êtres que lui ferme la perversité, l'assister et l'aider pour qu'il vienne à son but et y mène toute la création, afin que lui, bonté suprême, vérité absolue, beauté, félicité, amour, soit tout en tous.

VIII

Oui, je l'assiste ainsi et je le sers, lui, source de tous les biens, en m'efforçant incessamment de le connaître et de l'aimer, et d'être à lui et avec lui, de tout mon cœur, de toute mon âme, de toutes mes forces et de tout mon esprit.

IX

Et cela même, si je sais l'accomplir, opère tout mon Devoir envers moi-même et toute l'assistance que je dois à tout mon être. Car ne cessant, par l'amour et l'effort, de puiser en Dieu, comme fait le nouveau-né attaché au sein maternel, je puise la vie dans la source infinie, et je la fais descendre dans toutes mes forces et toutes mes facultés. Je fais descendre la vie de Dieu dans mon cœur, et puis dans mon esprit, et enfin dans mon corps.

X

Et ce n'est pas en vain que l'Évangile nous dit que les deux grands préceptes *aimer Dieu et aimer son prochain* sont semblables et ne font qu'un. C'est qu'en effet l'amour de Dieu donne l'amour du prochain, et le service de Dieu sert le prochain. Car que puise-t-on en Dieu par l'acte d'âme, sinon la foi et la lumière, la liberté, l'amour? Or, ce sont là les forces qui bénissent la terre, qui nous rendent riches pour assister le genre humain, clairvoyants, résolus, pour pousser le monde à son but.

XI

Celui donc qui remplit le premier devoir, qui puise en Dieu la foi, la certitude, la lumière et la liberté, celui-là veut et opère le devoir tout entier, car il veut et opère l'assistance de tout son être à tous les êtres.

XII

Ainsi mon premier devoir, mon devoir envers Dieu, implique, s'il est rempli, l'accomplissement de mon devoir envers moi-même et envers les autres; car si je suis le coopérateur de Dieu dans sa volonté très certaine de me conduire au but, c'est moi-même que j'ai assisté. Et si la vie de Dieu réside en moi, c'est-à-dire si j'ai pu acquérir la justice, il est visible encore que j'ai travaillé pour autrui.

Ainsi les trois devoirs sont identiques. Distinguons, cependant, afin d'arriver au détail.

CHAPITRE II

LE DEVOIR ENVERS DIEU.

I

Je vous le dis solennellement : voici le fond des choses, voici toute la perfection de la vie. C'est l'Évangile qui parle :
« Je ne suis pas seul ; mon Père est en moi.
« — Mon Père agit incessamment, et moi « j'agis incessamment. Et ce que je vois dans « mon Père, je le fais. »
Ainsi parle celui qui est l'Homme-Dieu.

II

Et moi aussi, moi le dernier des hommes, je porte en moi mon Père, mon créateur, la source éternelle de ma vie. Mon Père ne cesse d'opérer en moi, et de m'exciter vers le but, par de continuelles inspirations et impulsions. Le désir nécessaire du bonheur et la perpétuelle inquiétude de toute âme sont les effets de l'incessante opération. C'est à moi de sentir, de comprendre ce que veut opérer le Père, et d'agir sous l'action, avec raison et liberté.

III

Dieu qui nous porte, qui est en nous, qui est notre principe et notre source, prépare, commence nos actes et nos pensées. Il vit d'avance, en lui, éternellement, ce qu'il nous veut faire vivre dans le temps. L'idée qu'il a de nous, son éternelle volonté sur nous, constituent notre histoire idéale, le grand poème, possible de notre vie. Ce beau poème, notre Père plein d'amour ne cesse pas de nous l'inspirer dans le profond désir de l'âme, dans la conscience, dans la lumière de la raison qui éclaire tout homme en ce monde. Il y a là une immobile et simple et infinie activité providentielle, qui contient et opère en elle éternellement tout le détail possible de nos actes et de nos mouvements. Il faut que notre vie, développée dans le temps et l'espace, soit l'image de cet infini.

IV

Je supplie Dieu d'ouvrir les yeux à tous les hommes qui pensent, afin qu'ils se liguent pour comprendre et pour faire comprendre ce point : LE PÈRE EST AVEC NOUS; NOTRE DIEU EST EN NOUS. Il vit en nous, et il veut nous guider, et nous, ses enfants libres, nous suivons ou nous résistons. Eh quoi! est-ce que la profonde séduction du Panthéisme, jointe à sa manifeste absurdité, ne nous ouvriront pas les yeux? Ne comprenez-vous pas qu'assurément tout être n'est pas Dieu, mais qu'en tout être est Dieu, surtout dans l'âme intelligente et libre, où il opère, éclaire, inspire? Voilà le fond commun de la métaphysique, de la logique, de la morale et de toute la science du Devoir.

V

Oui, mon Père est en moi, au cœur de l'âme et à la source de mon être; et il éclaire, et il opère, et il inspire, et il remplit ma jeunesse d'une sainte joie. Et ma jeunesse, ce n'est pas seulement le commencement de mes années, c'est encore cette jeunesse radicale, qui, à tout âge, est toujours en mon centre, à l'origine des flots, au commencement des impulsions et des inspirations. Heureux ceux qui, par la tendresse reconnaissante, par l'humble recueillement, ne cessent de se retremper dans la source! C'est ainsi que mon Père me rajeunit incessamment, me renouvelle en tout mouvement de ma vie. Qui ne sait plus se rajeunir touche à la mort.

VI

En aimant Dieu, c'est-à-dire en ne cessant d'opérer l'acte d'âme qui sert Dieu et l'assiste, c'est moi-même que j'assiste, c'est à moi que je donne la vie.

Je puise en Dieu d'abord la force radicale, le ressort premier de la vie, c'est-à-dire le ressort croissant de la lumière et du bonheur, de la justice et de la vérité. J'y puise ce bien fondamental, la certitude, la foi! J'y puise l'espoir, et la joie de l'effort. De là coulent dans mon intelligence la lumière grandissante, et dans ma volonté la liberté croissante. La source vive, dont parlait Jésus à la Samaritaine, la source vive est ouverte en moi.

VII

L'effort moral pour puiser dans cette source, c'est la prière, nom sacré, le plus clair de tous pour exprimer l'acte fondamental de la vie libre et raisonnable. La prière continue est donc le devoir essentiel, universel et principal de tous les hommes, précisément comme le devoir de la feuille verte est d'attirer la sève et de respirer l'air : sans quoi la feuille va sécher et tomber.

VIII

Il faut se rappeler ici cette autre déclaration évangélique : « Ayez la foi en Dieu, et « alors quoi que vous demandiez (*quidquid* « *petieritis*), quoi que vous commandiez sans « hésiter, ce sera fait (*quidquid dixeritis fiet*). » Telle est l'idée complète de la prière. L'Évangile nous apprend que la prière, c'est-à-dire l'acte d'âme fondamental, est d'un côté *demande à Dieu,* et de l'autre, *ordre inculqué aux choses.* L'âme supplie Dieu d'envoyer la vie, et elle ordonne au monde de recevoir la vie, et aux obstacles de disparaître, transportant par la foi les montagnes, qui arrêtent la marche du monde.

IX

Quiconque donc remplit, dans l'étendue du sens évangélique, le grand devoir de la prière, celui-là remplit tout devoir.

Celui qui prie assiste toutes les âmes, il assiste ses frères et les soutient par le salutaire et puissant magnétisme d'une âme qui croit, qui sait et veut. Il opère ce que saint Paul nous supplie de faire avant toutes choses, des *prières,* des *supplications,* des *instances,* et des actions de grâces pour tous les hommes.

Quel est le sens scientifique de ceci? c'est que, très réellement, comme le dit Fénelon, les hommes se touchent d'un bout du monde à l'autre. Ils nous touchent! Voilà donc ce prochain qu'il nous faut assister. Or, en ce

réel contact des âmes, est-ce que mes élans de cœur, mes certitudes, mes résolutions, mes lumières ne sont en rien communicables? Certes, si aujourd'hui les corps se touchent et se communiquent d'un bout du monde à l'autre, dans l'électricité, me fera-t-on croire, je vous prie, que les âmes ne communiquent pas? Mais le contact des âmes, certain d'avance par la raison et par la foi, est aujourd'hui sensible par l'expérience. Ici encore, moi qui écris ces lignes, je sais, j'ai vu. Eh bien! ô âme, si vous avez en vous la source vive, la source des rayons, des impulsions, des convictions, des espérances, comment ces flots vivants pourraient-ils ne pas découler de votre âme sur toute âme? Oh! voilà la grande assistance! C'est pour cela qu'Isaïe dit :
« Quand tu auras versé ton âme dans une
« autre âme qui allait succomber, quand tu
« auras rempli l'âme affamée, ce sera la jus-
« tice et la plénitude du Devoir [1]. »

[1] Isaïe, cap. XLVIII.

X

Et saint Paul nous demande l'incessante vigilance dans l'essentiel et nécessaire accomplissement de ce devoir : assistance de l'âme à toute âme. Écoutez-le : « Ne cessez de « prier, ne cessez de supplier, en tous temps, « dans le Saint-Esprit ; ne cessez de veiller, « dans cet Esprit-Saint, en toute instance et « toute supplication pour tous vos frères [1]. »

Et ne semble-t-il pas que si vous cessez de veiller, d'insister, de faire effort, de tenir bon, tout va se relâcher, le monde va reculer, vos frères vont sentir en eux moins de force et d'appui ? Oui, certes, il en est ainsi. Chacun de nous, pour sa part, porte le monde ; et ceux qui cessent de travailler et de veiller chargent les autres.

Donc, encore une fois, le devoir envers Dieu implique tout. Tout devoir implique tout devoir. Mais distinguons encore.

[1] Tim., II.

CHAPITRE III

DEVOIR DE L'HOMME ENVERS LUI-MÊME.

I

Notre devoir envers nous-mêmes, c'est de nous *élever* nous-mêmes.

Il y a une éducation primitive, *impersonnelle*, qui est de Dieu, de la nature et de la société. Mais Dieu qui nous commence par lui-même ou par sa création, Dieu veut que nous nous achevions par réflexion et liberté : c'est l'éducation *personnelle*.

II

Ici, la première partie du Devoir, c'est le profond respect de ce qui est commencé en nous, sans nous, par Dieu, par la famille, par la société, par l'Église. C'est l'assimilation laborieuse et l'adoption par choix de ce qui nous était d'abord imposé ou inoculé. Ici commence la crise de l'éducation personnelle.

III

Cette crise, de nos jours surtout, n'est pas bien traversée par la plupart des hommes. Ils ne respectent pas, n'acceptent pas et n'approfondissent pas. Ils méprisent et ils foulent aux pieds les riches données providentielles. Au lieu d'imiter les Apôtres en présence des filets remplis; au lieu de discerner, de prendre à peu près tout, en repoussant quelques rebuts, ils rejettent en bloc dans la mer cette abondance qui leur était venue par grâce. Après quoi, la plupart vivent tout le jour, pauvres de vie morale, pauvres de foi, et ce n'est que l'épuisement et la tristesse du soir qui les ramènent à rechercher, à retrouver quelque chose des richesses qu'ils tenaient le matin dans leur miraculeux filet.

IV

Beaucoup d'hommes, il est vrai, manquent du bienfait de l'éducation primitive ; ils naissent sans patrimoine moral, et n'ont reçu peut-être, pour viatique de cette vie difficile, que la perversité des exemples et des maximes. Mais la raison et l'Évangile le disent : il ne sera demandé à chacun que ce qui lui aura été donné. Dieu demande à chaque âme une seule chose, toujours possible et toujours provoquée en nous par la conscience et l'impulsion actuelle du Père, savoir : l'effort pour s'orienter vers le bien à partir du point, quel qu'il soit, où l'on est.

V

En chaque point où se trouve une âme, s'ouvre toujours la double voie. Toujours ceci est vrai : « Dieu pose l'homme et lui donne « sa loi, puis le laisse à sa liberté ; la vie, « la mort sont devant lui, il aura ce qu'il « choisira[1]. » Le premier acte de l'éducation

[1] Eccli., xv, 14.

personnelle, acte d'où tout dépend, c'est le choix primitif, radical, entre la double direction : droiture, perversité, bien ou mal, vie ou mort. Voulez-vous être bon? Voilà bien la question première.

VI

La droiture, l'orientation instinctive vers le but, quelque pratique de la justice connue, quelque amour de la vérité entrevue, voilà ce qui conduira l'homme, de proche en proche, où Dieu le veut, s'il persévère, s'il fait effort, s'il veut marcher.

VII

Qu'il marche donc et fasse effort, et entreprenne, à partir du point où il est, l'éducation de tout son être, esprit et corps.

VIII

On parle quelquefois du devoir envers notre corps. Pourquoi non? Or, le premier devoir envers le corps, c'est, avant tout, le bon choix entre les deux directions morales, bien ou mal, vie ou mort. La santé, la longévité, la beauté, vous les donnez le plus souvent à votre corps par votre choix. La grande majorité des hommes tuent leur corps par le vice. La science a fait l'axiome qu'il faut répéter à chaque page : *L'homme ne meurt pas, il se tue*. Et quant à la beauté, c'est l'âme qui transfigure le corps et qui lui donne un sens. L'expression de la face de l'homme n'est que la résultante des habitudes. Assistez donc ce pauvre corps, soutenez-le, transfigurez-le, s'il se peut, par la sérénité, la pureté, la paix, par le courage, par l'intelligence, et par la noblesse décidée des désirs, des habitudes et des résolutions.

IX

Encore un mot sur le devoir envers le corps. Souvenez-vous de ces trois paroles : « 1° La sagesse, dit l'Ancien Testament, ne « peut pas habiter dans un corps que le pé- « ché corrompt[1]. 2° Lorsque votre intention

---

[1] Sapientia, I, 4.

« est simple et droite, dit l'Évangile, tout
« votre corps est éclairé, et il devient pour
« vous comme un réflecteur de lumière¹.
« 3° La beauté du visage dans un âge avancé
« est comme la lampe qui luit sur le chan-
« delier saint². » N'oubliez pas que c'est
l'homme tout entier, âme et corps, qui agit
en tout, même dans l'œuvre morale et intellectuelle. Enfin n'oubliez pas que la sainte
communion catholique se donne pour proté-
ger et soutenir l'âme et le corps : *Ad tutamen-
tum mentis et corporis.*

X

Mais revenons à l'âme. Le choix fait, la
mort écartée et la vie posée en principe par
la droiture de l'intention, il faut, pour que cet
acte fondamental de l'éducation personnelle
donne ses fruits, il faut agir et travailler, et
déployer ses forces. C'est le moment. « Prends
« de la force, et deviens homme, » dit alors la

---

[1] Luc., XI, 36.
[2] Eccli, XXVI, 22. Lucerna splendens super candelabrum sanctum, species faciei super ætatem stabilem.

conscience : *Confortare et esto vir*. Cette parole est dite à tout homme à l'entrée de la vie, comme au prophète à l'entrée de la terre promise. Il s'agit en effet d'entreprendre, et cela par nous-mêmes, l'éducation de l'intelligence et l'éducation de la volonté. Il s'agit de conquérir la vérité, la liberté.

XI

La vérité, la liberté, quel but! L'Europe contemporaine n'est pas encore arrivée à ce but. Le monde n'a pas encore poussé l'Évangile assez loin pour le connaître comme vérité, à plus forte raison pour en tirer la liberté. Les immenses régions lumineuses déjà conquises sont éparses comme sciences séparées, ne sont pas encore rassemblées comme vérité, ramenées à Dieu et à l'âme, au devoir, comme source et instrument de liberté. Mais je ne cesse de dire que nous sommes en cette crise, et que « les aigles » cherchent à s'assembler. Les sciences convergent, et c'est dans la science du Devoir qu'elles semblent vouloir s'unir. Beaucoup d'esprits l'entrevoient et le veulent. Gloire aux héroïques ouvriers de l'esprit qui précédant leur siècle, découvriront le grand passage vers la terre promise; le passage, par la vérité, à la justice et à la liberté! Voilà le devoir du génie.

XII

Mais il s'agit ici de nous, de nous tous, du dernier d'entre nous. S'éclairer et s'instruire, chercher la vérité, c'est le devoir de tous les hommes. Que faire si le génie, si les peuples les plus avancés cherchent encore?

Or, ce qui est le suprême devoir du génie est aussi le premier et le plus simple devoir intellectuel de tout homme. Et pour tout homme, le devoir est possible. Voici comment : « Cherchez d'abord le royaume de Dieu et sa « justice, et le reste vous sera donné par sur- « croît. » Voilà toute la méthode, méthode simple et méthode nécessaire pour arriver à la vérité.

Poursuivez la justice, la vérité est donnée par surcroît. Cherchez la connaissance et la pratique du devoir, c'est le propre commencement de la marche vers l'ensemble des vérités; c'est aller vers cette science suprême dont Jésus dit : Si vous conservez ma parole, c'est-à-dire si vous pratiquez la justice, vous CONNAITREZ LA VÉRITÉ.

XIII

La morale, morale sociale et individuelle, nationale et internationale, la morale, dis-je, ses conséquences et sa sanction, ses conséquences éternelles et présentes, quelle science ne rentre pas dans cette science-là? L'*hygiène* y rentre, et combien n'est-il pas nécessaire d'enseigner l'hygiène à tout homme! Toute l'*économie politique* est-elle donc autre chose que la morale : science du travail et de la sagesse, de l'équité et de la liberté, et des sanctions immédiates, matérielles, manifestes, du travail, de la sagesse, de l'équité et de la liberté? C'est l'un des plus saisissants points de vue de la science du Devoir. La *politique* est identique à la morale; ceux qui l'ignorent sont politiques du temps passé. Et l'*histoire* n'est-elle pas la morale en action? Qu'y doit-on voir, sinon la marche du genre humain, accélérée ou entravée par le bien ou le mal? Et la *géographie,* inséparable de l'histoire, n'implique-t-elle pas la science de la nature entière, et n'apporte-t-elle pas dès lors à la morale tout ce tribut? Que dire de la *logique*? N'est-elle pas véritablement inséparable de la morale, comme sont inséparables l'intelligence et la volonté, deux facultés d'une même âme simple[1]?

Le devoir donc, le devoir intellectuel, est de chercher surtout cette science d'ensemble qu'on peut nommer la vérité. Et ce résumé se trouve être plus clair que les détails, et ce tout est, à la fois, et plus riche et moins lourd que les parties.

XIV

Mais, à vrai dire, le devoir intellectuel consiste moins encore dans l'acquisition de la science que dans l'éducation des facultés. « La « vie est plus que la nourriture, dit l'Évan« gile, et le corps plus que le vêtement; » formule applicable partout. Considérez votre esprit comme un être à qui vous devez assis-

---

[1] Notre siècle est celui de la science comparée, et il a commencé avec bonheur tous ces rapprochements.

tance, et comprenez qu'il vaut mieux lui donner la force que le vêtement, et la santé que la richesse, et la vertu que tout le reste. Rendez votre esprit juste, actif, prudent, droit, sincère, désintéressé. Acquérez ce que saint Thomas nomme *les vertus intellectuelles*, et vous aurez donné à votre esprit plus que la science. Vous lui aurez donné la lumière et la liberté, et vous aurez créé en vous la raison consistante, capable de se tenir debout dans les tempêtes de l'opinion et de la passion.

XV

La maternelle Providence a voulu que ce premier devoir intellectuel, la poursuite des vertus de l'esprit, fût beaucoup plus accessible à tout homme, riche ou pauvre, que l'acquisition de la science. Lisez les admirables pages de Channing sur l'éducation personnelle de l'ouvrier. La science elle-même, d'ailleurs, quand on le voudra bien, sera beaucoup moins inaccessible à la masse des hommes qui travaillent, qu'on ne le saurait croire à la vue de l'état pédantesque où vivent encore nos sciences. L'exposition des sciences en langue vulgaire est l'un des plus pressants devoirs intellectuels des grands esprits et des amis de l'humanité.

XVI

Et n'oublions jamais que, de toutes les vertus intellectuelles[1], la plus féconde et la plus nécessaire, c'est la foi : la foi dans tous les sens du mot, y compris son grand sens théologique. La foi, c'est l'assentiment libre, habituel, de l'esprit et de la volonté, aux vérités que Dieu révèle. Qu'il les révèle à la conscience, à la raison, au genre humain ou à l'Église, par la nature ou par l'histoire, par tradition ou par inspiration, naturellement ou surnaturellement, la foi est une vertu de l'âme qui sent, en toutes choses, ce qui est de Dieu ; qui le sent, dis-je, qui s'y attache, et prend Dieu même, Dieu réel et présent, pour fondement de ses magnifiques certitudes. La foi, divine ténacité de l'âme, tient à Dieu même, à Dieu, source de vérité et source de liberté. La foi est l'orientation de l'âme tout entière

[1] Voyez, dans notre Logique, le livre des *Vertus intellectuelles inspirées.*

vers le vrai. Elle sait d'avance que LA VÉRITÉ EST, qu'elle est belle, qu'elle répond à tout. La foi possède la vérité avant de l'avoir vue, et y tient par le centre et le fond quand la surface de réflexion n'en analyse encore aucun détail.

XVII

Et c'est ainsi que les vertus intellectuelles tiennent aux vertus morales. La foi est la racine commune. La foi est précisément cette parole dont Jésus a dit : « Si vous conservez « ma Parole, vous connaitrez la vérité, et la « vérité vous rendra libres. » O hommes, c'est ici ou jamais qu'il faut l'effort de l'éducation personnelle. C'est de la liberté maintenant qu'il s'agit, et de toute votre dignité d'hommes. C'est ici qu'il faut dire : « Aide-toi, le « ciel t'aidera ; prends de la force, et deviens « homme ! » — Courage, ami ; fussiez-vous courbé tout le jour par le travail vers la terre, fussiez-vous enfoui dans les mines, courage, levez la tête, et laissez bondir votre cœur ! L'éducation morale, encore beaucoup plus importante que l'éducation intellectuelle, est toujours en vos mains. Vous avez Dieu, la raison et la foi, la droiture, la bonne volonté, la prière et l'élan du cœur; vous pouvez faire de votre esprit une lumière toujours grandissante, et de toute votre âme une âme libre. Vous pouvez devenir un homme, un sage, un saint, un bienfaiteur de votre race et du genre humain. Oui, par la seule consistance de votre âme en Dieu, dans la justice et dans la vérité voulues, dans le courage qui donne la liberté, vous bénissez implicitement et vous aidez les âmes de tous les hommes. Vous êtes, dans le faisceau des âmes, un aimant vigoureux qui aimante et oriente les autres.

Et nous venons ici à nos devoirs envers autrui, presque déjà remplis par l'accomplissement du devoir envers Dieu et envers nous-mêmes.

CHAPITRE IV

DEVOIRS DE L'HOMME ENVERS AUTRUI.
LA FAMILLE.

Il les faut tous assister et aimer! la famille, la patrie, l'homme, quel qu'il soit, qui se trouve blessé près de nous, le genre humain, l'Église, c'est-à-dire l'assemblée des hommes unis entre eux et avec Dieu. Quels objets à aimer, à servir, à aider dans la marche vers Dieu!

I

Mais, pour accomplir toutes ces choses, après votre éducation personnelle, ô homme, bénissez Dieu, vous n'êtes pas seul! Oh! si vous étiez seul, que la tâche serait lourde!

Malheur à l'être moral qui serait seul! Mais l'homme n'est pas un être solitaire, c'est un être groupé. La grappe, l'épi sont bien plutôt notre symbole que la perle ou que le diamant. Ami, il y a la famille, la famille dont vous sortez, et la famille que vous fondez.

II

La famille! Parlons de celle que vous fondez. Peut-être comprendrez-vous mieux. Oui, pour accomplir ces devoirs et vous aider dans ces efforts, vous avez un secours intime, un aide qui est presque vous-même : *Adjutorium simile sibi.* Vous avez une permanente ressource, une récompense toujours présente, un objet visible d'amour à qui Dieu même vous a uni par contrat naturel, social, légal, sacré. Voilà la force; « car, dit le Christ, lorsque « deux d'entre vous s'unissent en mon nom « sur la terre, quoi qu'ils demandent, ils l'obtiendront. » On peut donc tout. O ami, dix années de travail et d'éducation personnelle vigoureuse, est-ce trop pour vous rendre digne que Dieu vous donne sa fille comme compagne de toute votre vie? Ignorez-vous que le mariage chrétien dans sa condition sainte, implique ceci : c'est que Dieu même donne son fils ou sa fille, et une dot qui est un royaume?

III

Cette condition, notre théologie inconnue, — elle est publique, écrite partout, mais inconnue, — notre théologie catholique la définit ainsi : *Le mariage est un sacrement des vivants*, c'est-à-dire qu'il faut être *en état de grâce* pour se marier comme pour communier. Qui d'entre nous ose communier indignement? Personne. Pourquoi donc osez-vous vous marier indignement?

IV

Oui, la voilà, cette fille de roi, qui méritait qu'on travaillât pour l'obtenir et que, pour gagner son amour qui vient du ciel, on fût beau, pur, courageux, intelligent, libre, honoré, ami de Dieu, capable par le caractère et le talent de la défendre, de l'aider et de la glorifier, elle et les fils qui naîtront d'elle!

V

Mais ces choses sont si grandes, que l'amour seul, l'amour d'un noble cœur, peut les comprendre. Heureux le siècle, prochain j'espère, qui aura le respect pratique et l'intelligence de ce sacrement des vivants! Alors on pourra dire : Retour à Dieu, commencement de l'ère sociale du christianisme par la transformation de la famille, par le mariage chrétien enfin compris!

VI

Le vrai mariage, le mariage saint, le mariage avec le fils ou la fille de Dieu, quelle fortune et quel avenir! Mais est-ce que le dernier des hommes n'y est pas appelé? Gloire à Dieu! Tous les hommes ont une grande mission! Les différences sociales s'effacent devant cette grande égalité du royal mariage offert à tous avec le fils ou la fille de Dieu.

VII

Et que serait-ce si je parlais ici de ceux qui par un plus étonnant mystère, entrent plus avant encore, pour la vie et l'éternité, dans l'intime adoption de Dieu? Voilà surtout ceux qui peuvent dire : « Je ne suis pas seul, car « mon Père est en moi. »

VIII

Mais c'est surtout quand l'homme est père qu'il connaît de quels biens Dieu nous comble dans la famille. Quant à moi, je ne comprends bien la grandeur de ces dons primitifs qu'à mesure que j'avance dans la vie. Heureux les petits enfants, récentes fleurs que rien n'a flétries, et dont l'Évangile dit : « Leurs « anges voient en tout temps la face du Père « qui est au ciel. » Oui, l'inspiration pure du Père, qui est au ciel et dans leur âme, coule abondante et sans entrave dans leurs âmes innocentes. Leurs anges voient Dieu. Eux, ils n'en savent rien, mais ils en vivent, et tressaillent de joie dans cette lumière universelle du Père où ils croissent pleins de pressentiments, de germes, de ravissants élans. Or, qui est le ministre et le prêtre, et j'allais presque dire le Dieu visible de cette première période de la vie ? C'est le Père.

IX

Oui, j'en ai le plein et bienheureux souvenir, comme s'il était d'hier, et beaucoup d'âmes m'ont raconté les faits de leur enfance, assez nombreux, assez distincts pour servir de base scientifique. Oui, l'âme pure du petit enfant voit dans son père un homme divin, tout sage et tout-puissant, et dans sa mère tous les trésors de la bonté, de l'amour et de la beauté. Je ne sais rien de plus profond que ces paroles de la piété chrétienne que disent aux petits enfants, dans les écoles et les églises, les prêtres et les religieuses : « Mon enfant, voyez « dans votre père Jésus-Christ, et dans votre « mère la sainte Vierge ! » La famille, c'est l'Église primitive et privée, c'est la religion naturelle, admirable symbole, puissante préparation de la surnaturelle et universelle religion. O homme, ô compagne de l'homme, voilà donc ce que croient de vous ces petits! Voilà ce que Dieu leur fait croire, Dieu qui veut leur donner, en vous montrant à eux, les saintes visions et les idées divines, les plus grandes, les plus vraies, les plus fécondes qu'ils pourront jamais acquérir! Parlez! est-ce une assez magnifique mission? Votre devoir, c'est donc de représenter Dieu! Être pour eux un Dieu visible, les remplissant ainsi de joie, de foi, de confiance, d'idéales espérances, de célestes images, et souvent, dès la plus tendre enfance, d'ineffaçables sentiments de justice, d'héroïsme et d'honneur. Voilà ce que vous leur devez. C'est pour eux l'impulsion initiale de la vie : ne voulez-vous donc pas la rendre, pour ces pauvres petits que Dieu vous a confiés, puissante, heureuse et sainte? Dieu soit loué! il y a des pères et des mères qui remplissent, en esprit et en vérité, cet admirable sacerdoce. Et vous, ne le voulez-vous pas aussi? Vous leur devez donc, ô mon frère, le spectacle de toute beauté morale. Le leur donnerez-vous, si vous n'êtes pur, digne, juste, tempérant, intelligent et religieux, maître de vous dans la douceur et la bonté? Prenez garde! ils sentent l'imperceptible : ils voient tout et comprennent tout.

X

Heureux, mille fois heureux ceux qui ont reçu de leurs pères, et laissent à leurs enfants, comme héritage fondamental, ces images et ces souvenirs ! Puissance bénie des traditions sacrées de la famille, que vous êtes grande et que vous êtes rare ! Aujourd'hui, les générations morcelées vivent à part, et les familles ne forment plus, dans la trame sociale, ces lignes suivies, fermes et continues, qui font la solidité de l'ensemble. Oh ! que ne comprend-on la noblesse ! Et comment tous les hommes, depuis le prince jusqu'au dernier des pâtres, ne la désirent-ils pas et ne travaillent-ils pas à la fonder? Oui, la noblesse pour tous ! Elle est ouverte à tous par le travail et la vertu. Le culte des ancêtres ! Belle parole et grande chose ! Est-ce donc que tout homme n'a pas en lui le profond et providentiel désir de laisser une mémoire bénie ? Le Christ lui-même, second père des hommes, lorsqu'il transmet son sang à la nouvelle humanité, n'a-t-il pas dit : « Faites ceci en mémoire de « moi? » Est-ce que tout père ne devrait pas aussi vouloir transmettre, avec son sang, une noble, sainte et bienfaisante mémoire?

XI

Voici que depuis peu de jours l'art de fixer l'image de la figure humaine devient si populaire et si facile, que les peintres, aidés du soleil, parcourent dans toute l'Europe jusqu'aux moindres villages, et font si bien que fort souvent ils ne laissent pas dans la contrée une seule figure humaine sans la saisir. Eh bien ! voilà les portraits des ancêtres. Ce qui n'était possible, il y a quelques siècles, qu'aux rois et aux seigneurs, sera bientôt réalisé pour tous; l'usage de ces collections s'étendra : on mettra les noms et les dates, puis quelques faits saillants : fonctions, honneurs, services, actes de dévouement. Les maires et les curés signeront les portraits, constateront les souvenirs. Voilà les parchemins, voilà les titres de noblesse! O mon frère, qui que vous soyez, devenez fondateur ou bien régénérateur d'une race noble! Portez avec vigueur à son grand but, qui est la multiplication des justes et des enfants de Dieu, celle des lignées humaines dont vous êtes un anneau : en cela seul, vous aurez été un bienfaiteur de l'humanité.

XII

Oui, nous ferons ces choses, et bien d'autres, quand la lumière et la céleste sève évangéliques rentreront dans ces masses humaines desséchées, comme lumières et ondées de printemps sur les campagnes après l'hiver [1]. Oui, c'est mon cher espoir, avant trois siècles quand le chaos présent sera dompté, quand la science du Devoir aura fait le progrès dont la crise s'opère aujourd'hui, les nations deviendront plus nobles, et la noblesse pénétrera jusqu'à leurs dernières fibres [2].

---

[1] « Mais la tempête se dissipera, comme il est déjà « plus d'une fois arrivé, et la lumière chrétienne « reprendra au-dessus des nuages amassés de mains « d'hommes, son éclat et son empire. Cet avenir est « écrit dans l'histoire du passé. » (Guizot, *L'Eglise et la Société chrétienne*, p. 94.)

[2] Ici se placeront, en temps opportun, les deux chapitres sur nos devoirs envers la patrie et le genre humain.

CONCLUSION

> La volonté d'abolir la misère conduit à l'Evangile et puis à l'Eglise catholique.
> La terre remplie, et trop petite, tend vers le ciel.
> Au fond, la grande terreur et la grande douleur, c'est la mort. La grande consolation sera donc l'immortalité manifeste.

I

Je ne demande au monde contemporain qu'une seule chose : la volonté déterminée d'abolir la misère.

Qu'on se décide publiquement, solennellement, à prendre pour devise la parole de Moïse : « O Israël, tu ne souffriras pas qu'il y « ait dans ton sein un seul mendiant ni un « seul indigent. »

Que tous les peuples, toutes les sectes, tous les partis s'accordent sur ce point unique et le poursuivent sans jamais s'arrêter, et il suffit.

Je dis que, par cela même, la justice, la vérité, la religion se répandent sur la terre.

Par cela même, le christianisme et le catholicisme, qui est le christianisme entier, gouvernent le monde.

Comment cela?

C'est que le christianisme entier, on ne peut trop le répéter, se réduit à un point : « J'ai « eu faim, dit le Christ, et vous m'avez nourri : « vous êtes sauvés. — J'ai eu faim, et vous ne « m'avez pas nourri; vous êtes jugés et con- « damnés. » Voilà le point. Selon l'Évangile, tout est là, non en ce sens que ce seul point exclut le reste, mais en ce sens qu'il implique tout. Il implique et attire et suppose toute pratique, toute vertu chrétienne, et la vraie vie de l'âme en Dieu.

Donc, si nourrir ou ne pas nourrir Jésus-Christ, c'est-à-dire le moindre des hommes qui souffre, est toute la base du jugement dernier, toute la question du salut éternel, il est bien clair que ce point seul est et implique le christianisme entier.

Donc les individus et les peuples opéreront

le christianisme entier, c'est-à-dire le catholicisme, dès qu'ils travailleront de tout leur cœur et de toutes leurs forces, avec persévérance jusqu'au succès, à nourrir de pain la masse des hommes que la misère dévore.

Donc, encore une fois, c'est l'œuvre chrétienne, essentielle, qu'entreprendront les sociétés humaines, dès qu'elles entreprendront de bannir de leur sein la misère.

N'est-ce pas évident?

Essayez de multiplier les pains en Europe, dans une nation. Essayez de chasser la misère, en la remplaçant par l'aisance, ou seulement par la pauvreté supportable, — j'appelle ainsi celle qui ne tue pas; certes, ce n'est pas demander trop; — eh bien! dès le premier effort, vous voyez de vos yeux qu'il est de toute impossibilité de modifier en rien la condition des classes souffrantes, si vous ne les moralisez. Vous voyez de vos yeux où est l'obstacle, le grand obstacle fondamental et presque unique : c'est l'état moral des classes pauvres, c'est l'ignorance, la paresse et le vice. Vous voyez de vos yeux l'absolue impossibilité de modifier en rien la condition de ceux qui souffrent, si vous ne les rendez meilleurs.

Cela bien vu, essayez ce second travail, et, dès le premier effort, vous découvrez le nœud de la difficulté : vous voyez s'il est possible de rendre les hommes meilleurs sans religion; si vous pouvez transformer la famille, élever l'homme, la femme, l'enfant, sans Dieu, sans loi, sans foi. Oui, ce défi banal du prêtre au philosophe, cet axiome rebattu : « Point de « morale sans religion », est de la plus absolue solidité ; bien compris, il ne peut manquer de devenir, avant un siècle, la démonstration à la fois expérimentale et scientifique du christianisme et du catholicisme.

Mille ans d'efforts par la morale abstraite et purement philosophique ne feront pas avancer d'un seul pas. Mais vingt-cinq ans de bonne volonté dans la propagation de la vraie religion peuvent, en une seule génération, changer la face d'un peuple.

Mais de quelle religion s'agit-il?

Il n'y en a qu'une dans le monde, le christianisme; les autres ne sont pas discutables.

Donc en persévérant, on démontrera que, pour vivre de pain, il faut vivre d'abord de vie morale, et que, pour vivre de vie morale, il faut vivre de Dieu, du Dieu de l'Évangile.

On démontrera, dis-je, que Dieu seul multiplie les pains, et l'on verra par expérience que Dieu, Dieu incarné et réellement présent dans l'Église catholique, est la seule force qui multiplie les pains. Jésus-Christ seul multiplie les pains.

Et telle est en réalité, je l'espère, la marche que va suivre, et même que suit dès à présent, l'histoire des peuples européens.

II

Il y a parmi nous, depuis longtemps déjà, une bonne volonté générale et croissante d'améliorer le sort des hommes qui souffrent, c'est-à-dire de la grande masse humaine qui couvre la terre.

Mais, il y a cent ans, les hommes qui, comme Voltaire, parlaient le plus d'humanité et du soulagement des opprimés, ces hommes espéraient délivrer les peuples, et leur apporter le bonheur en les livrant à la nature et à la volupté, en leur donnant la liberté sans frein, et en brisant le joug des lois morales.

Aujourd'hui, grâce à Dieu, s'il est un point que les tribuns les plus fougueux soutiennent avec ardeur, dans la lumière de l'évidence et dans le détail de la science, c'est la Morale, comme unique source du progrès.

Aujourd'hui, l'esprit du siècle dit : Nul progrès, nul bonheur, sans loi morale, et sans le culte austère de la justice ; travail, continence et sobriété ! Justice et loi morale ! Voilà ce que disent toutes les voix. Mais plusieurs crient : Point de religion ! Or, avant cent ans, j'espère, tous les yeux verront que si la vie du corps, si le pain quotidien n'est donné que par la vie morale, la vie morale, à son tour, n'est donnée que par la religion.

Je sais un homme, considérable et fort connu, qui m'assure être devenu chrétien par cette voie expérimentale : « Je me suis attaché, me dit-il, à quelques familles pauvres que j'ai suivies, pendant plusieurs années, dans tout le détail de leur vie, me demandant : Comment leur donner le bien-être ? j'ai vu qu'un progrès de bien-être dépendait d'un progrès moral, et qu'un progrès moral dépendait d'un progrès religieux. Ceci est à mes yeux de la science expérimentale aussi certaine que celle des lois physiques. — J'ai fait plus. J'ai conseillé le même travail à des jeunes hommes indécis dans leurs convictions.

Je leur ai dit d'entreprendre, sans aucun préjugé, ni parti pris, l'étude suivie et détaillée de quelques familles pauvres, et de chercher la cause et le remède. Leur conclusion n'a jamais varié : nul progrès de prospérité sans un progrès moral; nul progrès moral sans progrès religieux. »

Un écrivain souvent furieux, mais quelquefois lucide, adressait au clergé catholique l'exhortation suivante.

Après avoir puissamment démontré que la source de la misère n'est autre que le défaut d'équilibre dans la raison publique et dans les mœurs, il disait :

« Voilà la vérité, ô prêtres, qu'il serait digne de vous d'annoncer dans toutes vos églises: voilà, de nos jours, le commentaire le plus éloquent que vous puissiez faire de l'Évangile; voilà les vérités qui, publiées par vous, et entrant dans la foi des peuples en même temps qu'elles sont démontrées par la science, termineraient pacifiquement la crise présente en faisant de vous les chefs naturels du progrès.

« Et en même temps que vous adresseriez aux riches l'exhortation évangélique commentée par la science évidente, nous, les tribuns du peuple, nous lui dirions :

« Que la cause de ses souffrances, c'est
« l'immoralité universelle, et que la première
« chose à faire pour détruire le paupérisme et
« assurer le travail, est de revenir à la sa-
« gesse. Nous démontrerions à ce peuple, par
« des chiffres qu'il comprendrait, que dans
« les conditions les plus favorables, en sup-
« posant réunies toutes les influences heu-
« reuses du ciel, de la terre, de l'ordre et de
« la liberté, il ne peut espérer une somme de
« richesse matérielle qui égale la moyenne de
« un franc cinquante centimes par tête et par
« jour, pour une population de trente-six
« millions d'âmes répandue sur un territoire
« de vingt-sept mille lieues carrées.

« Qu'ainsi, la plus grande partie de sa fé-
« licité doit être cherchée au for intérieur,
« dans les joies de la conscience et de l'es-
« prit.

« Et après l'avoir ainsi disposé à la modé-
« ration, nous lui ferions comprendre qu'au-
« cun homme, aucune classe de la société ne
« pouvant être accusée du mal collectif, toute
« pensée de représailles doit être abandonnée,
« et qu'après nous être si longtemps écartés
« de la justice, notre devoir est de revenir à
« l'équilibre par une marche graduelle qui ne

« soulève pas de colères, et ne fasse ni cou-
« pables, ni victimes.

« Vous chargerez-vous, ô prêtres, tandis que
« nous prêcherions ainsi le prolétaire, de
« prêcher de votre côté les puissants et les
« riches? Ce jour-là serait un grand jour,
« et la paix serait bientôt faite. »

Oh! oui, nous le ferons, nous l'avons déjà
fait depuis des siècles, et pour les pauvres, et
pour les puissants et les riches. C'est nous, ce
semble, qui vous avons enseigné tout cela.
Mais il est bon que vous le compreniez enfin,
en croyant l'avoir découvert.

Oui, c'est ainsi et ainsi seulement que se
feront la paix et le progrès, que sera termi-
née la crise qui dure depuis bientôt un siècle,
et ce sera la plus grande, la plus puissante et
la plus évidente démonstration évangélique
et catholique qui se soit jamais faite.

Par la volonté ferme de sortir enfin de
cette misère universelle, qui est la lèpre ori-
ginaire du globe, les peuples modernes en
masse verront, dans le détail comme on voit
les objets corporels, que la vraie cause du
mal, c'est l'immoralité universelle, et que
la ressource du monde, c'est de revenir à la
sagesse.

Mais bientôt ils verront que la lumière qui peut seule éclairer la marche vers la sagesse, c'est la lumière de l'Évangile, et que la force par laquelle on marche, c'est la vertu réelle et efficace et régénératrice des vertus et des sacrements catholiques.

Ce jour-là se sera accomplie dans le monde la plus grande des révolutions depuis la venue de l'Homme-Dieu ; ce jour-là commencera véritablement l'effet de la prière évangélique universelle : « Que votre règne arrive ; que « votre volonté soit faite en la terre comme « au ciel ; donnez-nous aujourd'hui notre pain « quotidien ; délivrez-nous du mal. »

III

C'est alors que le genre humain tout entier, dans une force, une lumière, une liberté croissantes, s'élancera pour remplir et dominer le globe : « Croissez, multipliez et « remplissez la terre. » Et lorsque notre terre, vraiment peuplée et cultivée, fera vivre dix milliards d'hommes, le genre humain verra de nouveau que la terre est petite et qu'elle ne suffit pas.

Un temps viendra, si le monde vit, où les hommes comprendront que le nombre ici-bas doit s'arrêter, et, comme il arrive à chaque homme au sommet de la vie, on cessera de croître. L'équilibre commencera, et peut-être la décroissance.

C'est alors que l'on connaîtra le devoir de transfigurer par la chasteté et par l'*innocence réparée* le dernier tiers de la vie, aussi bien que de maintenir le premier tiers dans la pureté angélique. C'est alors que les lois catholiques sur le mariage apparaîtront comme la vérité même, comme la vraie loi sociale. On verra quelle chose sainte est la virginité, quelle chose sacrée est le mariage, quelle grande chose c'est de mettre un homme au monde, quelle divine chose c'est de sanctifier un homme, et comment l'homme est élevé au ciel dès cette vie, par le divin développement personnel intérieur que donne la chasteté.

« S'élever au ciel » est une parole que le genre humain comprendra lorsqu'il verra que la terre est par trop étroite.

Représentez-vous donc ce que sera l'esprit humain, où il se tournera, quand l'universelle préoccupation des peuples, de la science et de la politique sera celle-ci : Tout est rempli, la terre nous manque! Et les flots humains montent toujours! Sobriété croissante et continence croissante, voilà donc la justice, la vertu, la nécessité.

Mais quoi? l'homme voudra toujours croître en bonheur, et il aura raison. C'est alors qu'il sera démontré au monde entier : *que la plus grande partie de la félicité doit être recherchée dans l'âme, au for intérieur, et dans les joies de la conscience et de l'esprit.*

Mais les hommes veulent une félicité concrète, et les joies de la conscience et de l'esprit, si le sens de ces mots n'est bien pris, sont une ressource abstraite, dont l'humanité, toujours plus altérée à mesure que la lumière monte, ne peut se contenter.

Mais si ces joies sont l'amour de Dieu et des âmes, du Dieu vivant, et riche, et infini dans les biens qu'il prodigue, l'amour des êtres personnels, immortels dans la vie et dans la beauté : oui, alors l'humanité entière a trouvé son issue. Alors le cœur humain se demandera, comme je me le demande aujourd'hui, moi qui ai traversé le monde et la vie, par l'âge et par la réflexion, on se demandera s'il n'est pas quelque extension possible de cette vie courte et de ce petit monde : on regardera au ciel, au ciel visible et au ciel invisible ; on cherchera les liens vivants, les communications possibles de la terre à ce qui l'entoure ; on cherchera, on trouvera.

Par les merveilleux développements des sciences de la lumière, on saura quelque chose peut-être de l'usage des étoiles, quelque chose de la vie actuelle, des destinées communes de l'univers entier, quelque chose de la vie intime du radieux soleil qui nous donne la fécondité.

Et qui sait si les autres mondes ne nous seront point une ressource ? qui sait tout ce que l'on peut tirer du soleil, et quel travail, un jour, l'homme peut faire faire à ses rayons ?

Qui sait jusqu'à quel point le Christ saura multiplier les pains, et surtout les rayons de l'Esprit, et si sa promesse était vaine quand il disait : « O Père, je dis ces choses au monde, « afin qu'ils aient ma joie, ma joie pleine rési- « dant en eux ! »

Qui sait si l'espèce de toute-puissance que la prière pourra donner au genre humain, quand on dira : Jusqu'à présent nous n'avons point prié ! maintenant que notre terre n'est plus qu'un temple unique, où nous nous touchons tous, maintenant que nous sommes toujours assemblés, prions, afin que tous les cœurs se touchent, encore plus que les lieux, et que l'intensité de la vie des âmes, que leur divine vigueur, leur ardente prière continue soient un soutien, une force morale et même une force physique, et presque un aliment, pour les plus pauvres et les plus faibles.

Oui, le Seigneur a dit : « Jusqu'à présent, « vous n'avez rien demandé en mon nom, de-« mandez et vous recevrez, afin que votre joie « soit pleine[1]. »

Demandons la joie pleine.

Et qui sait si le grand effet de cette prière et ce don de joie pleine ne consisteront pas à croire et à savoir que nous sommes tous, et pour toujours, une même vie, un même amour, comme le Père et le Fils sont un dans l'unité de l'amour éternel[2], et que chaque homme peut et doit dire avec le Christ : « O Père, « je désire que là où je serai, tous ceux que « vous m'avez donnés y soient aussi[3] ! »

Qui sait, dis-je, si la joie pleine, la joie suprême du Saint-Esprit consolateur, ne consis-

---

[1] Joan., XVI, 24.
[2] Sint unum sicut et nos unum sumus. (Jean, XIX, 11.)
[3] Joan., XVII, 24.

tera pas, dès cette vie même, dans la claire vue donnée au genre humain, que cette prière est la vérité, que les hommes vivent et qu'ils vivront, et qu'ils seront ensemble dans un lieu où ils se verront, dans ce lieu que le premier-né de la vie éternelle, Jésus-Christ, a promis, lorsqu'il quitta cette terre, d'aller nous préparer : « Je vais vous préparer le « lieu[1] ! »

Qui sait enfin si la science et la foi, et la révélation et la lumière de l'Esprit-Saint, ne nous montreront pas l'existence du ciel de l'immortalité, et sa nature et son rapport à l'univers, et si de vivantes relations, réelles et personnelles, naturelles ou surnaturelles, avec les immortels de l'autre vie, ne seront pas l'accomplissement de la grande joie!

Alors l'humanité pourra dire avec l'apôtre des nations : « Oui, tout est à nous, et le « monde, et la vie, et la mort même; les cho- « ses présentes et les choses à venir : tout « est à nous[2]. »

Oui, nous sommes dans la vie, et nous y resterons!

Au fond, la grande terreur et la grande dou-

[1] Joan., XIV, 2.
[2] I Corinth., III, 22.

leur, c'est la mort. La grande consolation sera donc l'immortalité manifeste.

Pourquoi la vue de l'immortalité ne nous serait-elle pas donnée un jour, comme tous les jours nous avons la vue de la mort?

Mais quoi! est-ce que le fond même du christianisme n'est pas déjà cette vue de la vie éternelle, la vue du Christ ressuscité? N'est-ce pas ainsi que le Christ nous délivre? En se montrant vivant, dit saint Paul, il met en liberté les hommes que la crainte de la mort faisait esclaves pendant la vie entière.

Oui, j'ai cette espérance; oui, si l'humanité devient juste, si dans la dernière phase de sa vie terrestre, elle renaît vraiment de l'Esprit, comme Dieu le veut, oui, je l'espère, il en sera ainsi. Et l'humanité, sur cette terre, finira comme un saint, dans la sérénité de la lumière, dans la joie pleine du Christ.

FIN

TABLE DES MATIÈRES

Pages.

Avis de l'éditeur............................. v

PREMIÈRE PARTIE
CONSEILS POUR LA CONDUITE DE L'ESPRIT

CHAPITRE PREMIER. — Silence et travail du matin...................................... 3
CHAPITRE II. — L'Idée inspiratrice............ 25
CHAPITRE III. — Le Soir et le Repos.......... 32
CHAPITRE IV. — La Prière.................... 41
CHAPITRE V. — La Lecture................... 52
CHAPITRE VI. — Foi......................... 61
CHAPITRE VII. — Science comparée........... 77
CHAPITRE VIII. — Mathématiques............. 90
CHAPITRE IX. — Astronomie................. 105
CHAPITRE X. — Physique.................... 112
CHAPITRE XI. — Physiologie................. 120
CHAPITRE XII. — Géologie, géographie, histoire.. 123

TABLE DES MATIÈRES

                                                    Pages.

CHAPITRE XIII. — La Morale.................. 136
CHAPITRE XIV. — La Théologie.............. 142
CONCLUSION................................. 156
DISCOURS sur le devoir intellectuel des chrétiens au dix-neuvième siècle et sur la mission des prêtres de l'Oratoire................ 161

SECONDE PARTIE

LE PREMIER ET LE DERNIER LIVRE DE LA SCIENCE DU DEVOIR

PREMIER LIVRE. — Préparation................ 213
CHAPITRE PREMIER....................... 213
CHAPITRE II............................ 222
CHAPITRE III........................... 238
CHAPITRE IV............................ 253

DERNIER LIVRE. — Les Aphorismes de la science du devoir................................ 266

CHAPITRE PREMIER. — Aphorismes............ 266
CHAPITRE II. — Le devoir envers Dieu........ 277
CHAPITRE III. — Devoirs de l'homme envers lui-même................................ 285
CHAPITRE IV. — Devoirs de l'homme envers autrui. La famille........................ 299
CONCLUSION................................. 309

ANCIENNE MAISON CHARLES DOUNIOL

P. TÉQUI, SUCCESSEUR.

29, rue de Tournon, 29. — Paris.

OUVRAGES DE S. É. LE CARDINAL PERRAUD

Evêque d'Autun, membre de l'Académie française.

Discours militaires. 1 vol. in-12.   3 fr. 50
Œuvres pastorales et oratoires. 4 volumes in-8° (épuisé).   24 fr. »
L'Oratoire de France aux dix-septième et dix-neuvième siècles. 1 vol. in-12.   3 fr. 50
Les Paroles de l'année présente (1870-1871). In-12.   3 fr. 50
A propos de la mort et des funérailles de M. Ernest Renan. Souvenirs et impressions. 2ᵉ édition précédée d'une lettre de S. S. Léon XIII. 1 vol. in-18.   1 fr. »
Le P. Gratry, ses derniers jours, son testament spirituel. 1 vol. in-8°.   1 fr. 50
Eurythmie et Harmonie. 1 vol. in-12.   1 fr. »

OUVRAGES DE M. L'ABBÉ CHARLES PERRAUD

Chanoine honoraire d'Autun.

Méditations sur les sept paroles de Notre-Seigneur Jésus-Christ en Croix, 5ᵉ édit. précédée d'une introduction et suivie d'un épilogue de Mgr l'Evêque d'Autun, de l'Académie française. 1 vol. in-18.   3 fr. »
Paroles de N.-S. Jésus-Christ, tirées des saints Evangiles. 1 volume in-32 (édition de luxe).   3 fr. »
Le même ouvrage (édition ordinaire).   2 fr. »
La Libre-pensée et le Catholicisme. Conférences de Saint-Roch, année 1885. 1 volume in-12.   3 fr. »
Le Christianisme et le Progrès. Conférences de Saint-Ambroise, année 1881. In-12.   3 fr. »

L'Abbé Charles Perraud, par Augustin LARGENT, Prêtre de l'Oratoire, Professeur d'Histoire ecclésiastique à la Faculté de Théologie de Paris. 1 vol. in-18. 2 fr. »

La Mort et les Funérailles de M. l'Abbé Charles Perraud. 1 vol. in-8°. 1 fr. »

OUVRAGES DE M. L'ABBÉ H. PEPREYVE

Chanoine honoraire d'Orléans, Professeur à la Sorbonne.

Lettres du R. P. Lacordaire à des jeunes gens, recueillies et publiées par l'abbé H. PERREYVE, augmentées de lettres inédites et des approbations de NN. SS. les archevêques et évêques. 11ᵉ édit. In-12. 4 fr. »

Méditations sur les saints Ordres (Œuvres posthumes). Suivies d'instructions pour la première communion, et de méditations sur quelques versets de l'évangile de saint Jean. In-12. 3 fr. 50

Biographies et Panégyriques. *Biographies :* Le R. P. Lacordaire. — Herman de Jouffroy. — Rosa Ferrucci. — Mgr Baudry. — *Panégyriques :* Saint Thomas d'Aquin. — Saint Louis. — Sainte Clotilde. — Jeanne d'Arc. 2ᵉ édit. In-12. 3 fr. 50

Lettres de l'Abbé Henri Perreyve (1850-1865), 6ᵉ édit., augmentée de plusieurs lettres, avec une lettre de Mgr l'évêque d'Orléans et le portrait de l'abbé Perreyve. In-18. 4 fr. »

Lettres de Henri Perreyve à un ami d'enfance (1847-1865). 6ᵉ édit. In-12. 4 fr. »

Méditations sur le Chemin de la Croix, 11ᵉ éd. In-18. 1 f. 50

Pensées choisies, extraites de ses œuvres et précédées d'une introduction par Mgr PERRAUD, évêque d'Autun, membre de l'Académie française. In-18. 1 fr. 50

Monseigneur Baudry, Évêque de Périgueux et de Sarlat. 1 vol. in-18. 0 fr. 40

Études historiques (Œuvres posthumes). Leçons et fragments du cours d'histoire ecclésiastique. In-18. 4 fr. »

www.ingramcontent.com/pod-product-compliance
Lightning Source LLC
Chambersburg PA
CBHW060630170426
43199CB00012B/1501